丛 书 总 序

第三个里程碑的思想经典

可持续发展战略的发生、发展，在世界上有3个里程碑式事件。第一个是1972年在瑞典斯德哥尔摩举行的联合国人类环境会议，第二个是1992年在巴西里约热内卢举行的联合国环境与发展大会，第三个是2012年在巴西里约热内卢举行的联合国可持续发展峰会（又称里约+20峰会）。

每个里程碑的时间相差20年，这期间出现了一批各具代表性的绿色经典著作，累积形成了可持续发展的思想宝库。1990年代，北京大学吴国盛教授牵头在吉林人民出版社出版了第一个里程碑时代的一些绿色经典著作，包括《只有一个地球》（1972）、《增长的极限》（1972）、《我们共同的未来》（1987）等。2000年代初，由我主持在上海译文出版社出版了第二个里程碑时代的一些绿色经典著作，包括《超越极限》（1992）、《商业生态学》（1994）、《超越增长》（1996）等。在上海科技教育出版社支持下，策划出版这套"绿色发展文丛"，是要介绍第三个里程碑时代的一些绿色经典著作。

在过去的50年中，可持续发展的思想是不断深化的。如果说1972年第一个里程碑提出了经济社会发展需要加强生态环境保护的问题，1992年第二个里程碑强调了要用可持续发展整合环境与发展的思想，那么2012年第三个里程碑以来的思想进展，主要表现在对可持续发展的认识需要从弱可持续性向强可持续性进行升华，大的趋势可以概括为如下5个方面：

第一，可持续发展思想需要区分强与弱。可持续发展的基本问题在于一种选择，即主张没有地球生态物理极限的经济增长，还是追求地球生态物理极限之内的经济社会繁荣。强调前者是弱可持续性观点，强调后者是强可持续性观点。过去 10 年间的科学研究,发现地球上的 9 个地球生态物理边界已经有 4 个被人类活动突破,其中最典型的就是全球气候变化和生物多样性问题,这证明自然资本与物质资本之间具有重要的不可替代性和互补性。学术界提出了人类世的强可持续性概念,强调人类发展需要在地球生物物理极限内实现经济社会繁荣。

第二,可持续发展要求从技术优化向系统创新迈进。绿色发展通常有两条路线:一条是路径依赖的技术优化和效率改进路线,不涉及科学技术和经济社会的系统变革;另一条是非线性、颠覆性的系统创新路线,要求通过经济社会发展模式变革来大幅提升资源生产率。在经济社会发展存在生态环境红线的背景下,人类社会的可持续发展需要强调颠覆性的系统创新,而非普通的技术优化。联合国通过的《巴黎气候变化协定》,实质就是非线性的系统创新和社会变革,人类发展要变换跑道,在 30~50 年的时间里用新能源替代化石能源,最终实现碳中和。

第三,可持续性导向的转型需要有不同的模式。与传统增长主义的 A 模式有别,可持续发展导向的社会转型,理论上需要区分两种模式:一种是发达国家的先过增长(overgrowth)后退回模式,国际上称之为 B 模式或减增长(degrowth)模式,即发达国家的物质消耗足迹已经大大超过了地球行星边界,需要在不减少经济、社会福祉的前提下将其降回到生态门槛之内;另一种是发展中国家的聪明增长(smart growth)模式,即发展中国家的当务之急是提高人民的生活水平和生活质量,但要利用后发优势使物质消耗足迹不超过生态承载能力,这是我们做可持续发展研究时强调的 C 模式。

第四,文化建设需要独立出来,发挥软实力作用。联合国里约 +20 峰会和 2015—2030 年全球可持续发展目标(SDGs),强调可持续发展战略包括经济、社会、环境和治理 4 个支柱。近年来越来越多的研究认识到,文化建设需要从社会建设中独立出来,强化成为具有黏合性和渗透性的可持续发展的软实力:一方面起到整合物质资本、人力资本、自然资本 3 种发展资本

丛书主编　诸大建

The Circular Economy
A User's Guide

循环经济

给实践者的未来指南

［瑞士］瓦尔特·施塔尔（Walter R. Stahel）　著

曹莉萍　译

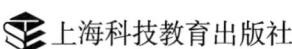

图书在版编目(CIP)数据

循环经济:给实践者的未来指南/(瑞士)瓦尔特·施塔尔著;曹莉萍译. —上海:上海科技教育出版社,2023.2

(绿色发展文丛/诸大建主编)

书名原文:The Circular Economy: A User's Guide

ISBN 978-7-5428-7847-2

Ⅰ.①循⋯ Ⅱ.①瓦⋯ ②曹⋯ Ⅲ.①循环经济—研究 Ⅳ.①F062.2

中国版本图书馆CIP数据核字(2022)第204528号

的作用,另一方面起到协调政府机制、市场机制和社会机制3个治理机制的作用。"五位一体"的中国式现代化包括经济建设、政治建设、文化建设、社会建设和生态文明建设5个方面,已经强调了文化建设是可持续发展的重要独立维度。

第五,可持续发展需要发展可持续性科学。可持续发展的推进和深化需要理论思维,而可持续性科学正是有关可持续发展的学理研究。过去10年来的研究进展,充分认识到没有可持续性科学指导的可持续发展实践是盲目的,没有可持续发展实践作为基础的可持续性科学是空洞的。可持续性科学的发展,不是单个学科所能承担的,也不能变成各个学科的大杂烩,而应定位为不同学科面对共同问题去创造可以共享的元概念和元方法,各个学科需要在整合性的范式之下各显身手去研究可持续发展的具体问题。可持续性科学的发展趋势,是超越多学科(multi-)和交叉学科(inter-)的研究现状,走向跨学科(trans-)的知识集成和整合,发展具有范式变革意义的崭新本体论、价值观和方法论。

2019年6月,习近平主席在第23届圣彼得堡国际经济论坛全会致辞时指出,可持续发展是破解当前全球性问题的"金钥匙"。可持续发展是在联合国大会上一致举手通过的发展理念和全世界认同的国际通用语言,中国生态文明和中国式现代化的实践是当今世界上最大的可持续发展实验室。出版这套丛书,我们希望有助于社会各界特别是决策者、企业家和研究者去了解可持续发展第三个里程碑以来出现的一系列新思想、新理念,在中国式现代化与可持续发展之间加强对话,进而能够运用中国故事和中国思想加速国际上可持续发展的深入推进。

"绿色发展文丛"主编　诸大建

2019年7月于同济大学

内容简介

无论是金融资本、制造资本*、人力资本、社会资本还是自然资本,循环经济系统致力于寻找重建资本的解决方案,并为所有组织提供机遇与解决方案。这本书由瓦尔特·施塔尔撰写,众所周知,他是构建循环经济概念的关键人物之一;而这本书对于那些需要快速了解循环经济理念如何保证可持续发展这个至关重要话题的人来说,能起到抛砖引玉的作用。这本书提出了一个新的、细化的循环经济概念并使其在工业领域得以应用的分析框架。

本书为日理万机的管理者与政策制定者呈现了循环经济研究的关键内容。此外,本书还包含该研究领域一位主要思想家关于循环经济主题的一些最新思考。书中采用了许多以真实生活数据为基础的实例和案例研究来阐明观点。

---

* 原文为 manufactured capital,又称人造资本(man-made capital),相当于经典经济学中作为生产基本要素的"资本"一项,指人类利用自然资本生产出来,且用于生产其他产品的物质资本,是一切工具、机器设备、厂房等基础设施和建筑物的生产性固定资本,以及中间原料和商品存货等的总称。本书脚注为译者注。

作者简介

瓦尔特·施塔尔(Walter R. Stahel)是欧洲最早的可持续战略和政策咨询机构——全生命周期研究所(Product-Life Institute,PLI,瑞士)的创始人兼主任,同时也是英国萨里大学(University of Surrey)工程与物理科学学院的客座教授和罗马俱乐部(the Club of Rome)的正式成员。他于2013年被萨里大学授予荣誉博士学位,于2016年被加拿大魁北克省的蒙特利尔大学(Université de Montréal)授予荣誉博士学位。在循环经济研究领域,施塔尔作为"绩效经济"概念的创设者而知名。

译者简介

曹莉萍，同济大学经济与管理学院城市发展与管理专业博士。现任上海社会科学院生态与可持续发展研究所副研究员，主要研究领域为可持续发展与管理、环境绩效评价、循环经济研究。公开出版个人著作2部，合著多部，并连续多年参与编著《上海蓝皮书·资源环境》，发表论文曾获上海市社会科学界学术年会优秀论文、钱学森城市学金奖提名奖等奖项。曹莉萍博士的邮箱为caoliping@sass.org.cn。

序　言

在笔者看来，就朝向循环经济的转型推进工作而言，无人能够超越笔者好友瓦尔特·施塔尔的贡献。这不仅仅因为他比其他人投入了更长时间，干得更细致而又虚怀若谷，还因为他的论述已被证明契合我们这个变动不居的时代所需，这乃是首要点所在。在这册篇幅不大的书中，他强烈的意志力，他锲而不舍的毅力，以及建筑在他对商业、设计和制造领域长期观察基础上的生涯省思，都在字里行间得到了淋漓尽致的高度体现。书中的每一页都包含着值得学习的新知卓见，或者理应被选中并分享的精彩表述。此等优秀著作是极为罕见的。

瓦尔特最初想写的是一本供初学者使用的入门指南，但他努力的成果显然远超此项目标，最终诞生的是一部足以令"循环经济"这个不时被误解的概念得到澄清与精确表达的论著。

40多年来，瓦尔特一直孜孜不倦地发展循环经济思想，并不断自我更新，探索其实现路径。那么，本书揭示了哪些我们还不知晓的新东西呢？在笔者看来，这是瓦尔特第一次将"循环经济"概念置于历史背景中来阐述其发展，在这样做的过程中他赋予循环经济研究全新的深度和法理性。循环经济已经从一种解决资源稀缺的战略，转变为一种"作为最有吸引力、最具可持续性选项"的工业发展模式。

当然，在阅读之前就可以预期"绩效经济"将在本书中占据突出地位，毕竟瓦尔特本人正是创设该概念的奠基者，人称"绩效经济之父"。他一直坚持突出"关爱"作为"基于物品共享使用的绩效经济的一项内禀要求"这一理念的重要性。事实上,他强调循环工业经济整体上既依赖于关爱也依赖于信任。

本书中出现的另一些概念也值得引起注意,例如在分子和原子层级回收物质,并以高纯度水平实现再利用这一想法。作为循环活动中的一个新维度,该想法固然极具挑战性,但同时在经济和环境效益方面充满希望,未来可期。这些新概念的发展,无疑将成为循环经济研究专家们激烈辩论的议题,而参与这类研究的专家人数已经远多于40年前。

回顾迄今为止的工作,瓦尔特作出总结,虽然他确已提出一些描述循环经济的有用工具,但在激励人们去启动为实现循环经济所必需的转型方面,可以说离成功还很远。为此,他借用了圣-埃克苏佩里*的话,那就是循环经济研究要激发大家"对大海的渴望"。笔者对此的看法有所不同,希望能鼓励他更加乐观,尤其是考虑到目前人们对循环经济理念的热忱很大程度上正是来自他的研究影响力。

艾伦·麦克阿瑟女爵士**

---

* 圣-埃克苏佩里(Antoine de Saint-Exupéry,1900—1945),法国现代著名作家,《小王子》与《要塞》的作者。

** 麦克阿瑟(Ellen MacArthur),著名英国女航海家,1976年生于德比郡。18岁时荣获英国年度优秀青年航海家称号。2005年2月,麦克阿瑟刷新了单人帆船环球航海的世界纪录,此前该纪录一直由男选手保持。因此,她荣获第六届劳伦斯最佳极限运动员奖,伊丽莎白二世女王亲自为她颁授大英帝国女性爵级司令勋章(DBE),她是英国有史以来接受这项荣誉的最年轻女性。2010年从职业航海运动退役后,麦克阿瑟投身慈善事业,管理以她本人冠名的艾伦·麦克阿瑟癌症信托基金与艾伦·麦克阿瑟基金会,后者致力于加速循环经济转型,构建一种按照可恢复、可再生原则设计的新经济框架。

对本书的说明

本书将为人类行为分析提供一套工具箱。虽然就理解循环性而言，诸如经济学、分子生物学或物质科学等学科的知识都很重要，但本书无意写成这些领域的教科书。

对于那些把循环经济视若黑箱的读者，本书将力图诉诸常识来进行讲解；也正因为如此，本书可能会挑战一些原有的专业知识。在编写过程中，曾经使用过很长一段时间的暂定书名是《给初学者的循环经济入门》(*Circular economy for beginners*)。

目 录

001 — 引 言 循环本天成

005 — 第1章 循环经济：背景与根源
005 — 1.1 循环经济发展的历史背景
008 — 1.2 循环经济的研究范围
011 — 1.3 是什么使循环经济同线性工业经济区分开来

014 — 第2章 循环工业经济中的循环性、可持续性和劳动力
014 — 2.1 向现代化的循环工业经济转型
017 — 2.2 可持续性与循环工业经济
022 — 2.3 循环工业经济中的劳动力

024 — 第3章 循环工业经济：丰富的新机遇
024 — 3.1 从循环社会向循环工业经济转型
026 — 3.2 对循环工业经济的分析
031 — 3.3 循环工业经济的一些基本原则
032 — 3.4 哪些外部因素驱动着循环工业经济
032 — 3.5 价值分歧
035 — 3.6 循环工业经济面临的创新挑战

037 — 第4章 "R"时代：由所有者进行本地化决策

037 — 4.1 管理实物的存量

039 — 4.2 决策者

040 — 4.3 "R"时代的特征

044 — 4.4 "R"时代的信任、人才与技能、经济价值与节约

046 — 4.5 充实"R"时代的框架内容

050 — 4.6 "R"时代的研究、创新与政策挑战

052 — 第5章 "D"时代：由对自然资源进行资产回收的经济行为主体来做决策

052 — 5.1 管理物质原子和分子的存量

055 — 5.2 "D"时代需要确定决策者以使物质保持最高价值

057 — 5.3 "D"时代的特征

058 — 5.4 "D"时代的基础：研发、技术、知识与人才

060 — 5.5 所有权分歧

062 — 5.6 "D"时代政策制定者的创新与机遇

064 — 第6章 销售或出厂节点与责任

064 — 6.1 销售节点是两种经济哲学的分界线

065 — 6.2 玩具和工具，时尚与功能

068 — 6.3 销售节点：所有权与责任的枢轴

070 — 6.4 生产者责任正在转变

071 — 6.5 对于制造商,销售节点之后意味着什么

073 — 第7章 无形的责任闭环:劳动力与政策的作用

073 — 7.1 生产者责任延伸制(EPL):创造无形的责任闭环

076 — 7.2 物品:EPL与"R"时代的最终责任人

078 — 7.3 物料:EPL与"D"时代的最终责任人

079 — 7.4 循环经济中的劳动力:一个适宜探究的案例

080 — 7.5 政策与劳动力税的作用

083 — 7.6 恰当经济指标的作用

085 — 7.7 政府与政策制定者的作用

090 — 第8章 绩效经济:采用循环工业经济作为工业发展的首选项

090 — 8.1 商业模式

091 — 8.2 决策者

097 — 8.3 绩效经济的特征

099 — 8.4 无关爱,不共享:将文化纳入经济博弈

103 — 8.5 绩效经济的基础:"时间"因素

105 — 8.6 不确定性、风险的不经济性与规模经济、弹性

108 —— 第9章　以突破性创新增强存量管理

108 —— 9.1　循环工业经济中的创新驱动因素

111 —— 9.2　"R"时代的创新

113 —— 9.3　"D"时代的创新

114 —— 9.4　政策制定者在创新过程中的角色

116 —— 第10章　展　望

116 —— 10.1　循环工业经济需要整体性研究方法

119 —— 10.2　政府：循环经济兽群中的大象

120 —— 10.3　技术驱动的新经济支持循环工业经济

121 —— 10.4　探寻整体性解决方案

122 —— 10.5　文化、信息和激励：撬动区域变化的杠杆

125 —— 注　释

130 —— 参考文献

137 —— 汉英人名对照表

139 —— 致　谢

引　言

循环本天成[*]

　　这本书通过描述循环经济(circular economy, CE)的历史、分析框架和运行机制，能够让读者了解循环经济的发展机遇。

　　"循环性"(circularity)是支配自然界与人类循环社会(circular society)的原则，正是循环社会使早期人类得以通过充分利用可获取的自然资源，克服资源、人力和技能上的短缺；共享和再利用(reuse)既是构建循环社会的必要条件，也是该社会的规范。例如，当一座城堡因为政策变动，或因为已有教堂而成为冗余，那么它就会被整体拆解，拆下的石块会被用于建造新的房屋或桥梁。长期以来，受资源稀缺性的驱动，这种循环社会业已成为人类最好的朋友，无处不在且谨慎持重。

　　在地球这颗行星的漫长历史中，循环性一直无所不在、无远弗届，它具有两种截然不同的存在形式。

　　自然形式(NATURE)：水循环及其他物质循环是标准的自然循环，有些循环变幻莫测比如天气，另一些则呈现规律的周期性如潮汐循环。自然界被各种物质的良性循环组成的一个自组织系统所支配，在这个系统中，有机废弃物是其他有机体所需的食物与酬劳。处理这些废弃物的"劳动力"是数以万亿计的细菌、昆虫和其他小动物，免费且免税；这种以自然形式进行的

---

[*]　原文为 Circular by nature。

处理过程既不受时间、金钱和文化的制约,也不被条例或义务所限制;大自然中不存在所谓的总体规划,没有什么事情会被视为是负面的。

人类形式(MANKIND):在不断进行交换这个意义上,"循环社会"的出现一直贯穿着整条人类历史长河。一开始,每个人用木材或石块等自然资源创造出商品和工具,不仅供自己使用,还在以物易物的经济场景中进行交换。随后,工匠出现了,他们利用自己的技能为人们创造商品,发现金属、陶瓷等新材料,并将修复破损物品作为一种服务提供给物品的所有者。这一演化进程是受人们对于美好生活的渴望以及个人创举驱动的。

人力资本——包括人才及其拥有的技能和创造力,再加上乐于助人的关爱(caring)态度——是这一循环社会的构成基础。关爱并共享各种有形或无形的物质存量——包括自然资本、文化资本、制造资本(manufactured capital)和社会资本——一直是推动过往循环社会发展的动力,同时也是我们可持续未来的基础。

这本书关注**人类形式**循环所提供的机遇,即一种在制造领域(**人造的物品和材料**)的循环经济,包括其潜力、驱动力及其风险和局限性。

循环经济的发展经历了两次重大的转变:先从必要手段向最终解决方案转变,再向首选项转变。换言之,先从必需型循环社会(因人才匮乏和资源稀缺形成)向最终解决方案型循环经济(解决丰裕社会中的极度浪费问题)转变,再向作为经济发展首选项的循环工业经济(circular industrial economy,CIE)转变,这一选项作为最理想且可持续性最高的选择吸引着人们。

最后一步转变是最具挑战性的,我们可以引用法国的飞行员、诗人圣-埃克苏佩里(1900—1945)未完成的遗作《要塞》(*Citadelle*)来描述这一挑战[1]:

Quand tu veux construire un bateau, ne commence pas par rassembler du bois, couper des planches et organiser des ouvriers, mais crée la pente vers la mer, reveille au sein des hommes le désir de la mer grande et large.

如果你想造一艘船，先不要急于雇人收集木头，或者让他们切割木板，组织分派工作，而应该去唤醒他们对大海那种广袤浩瀚与无边无际的渴望。*

因此，可以采取以下激励措施，加快朝向循环工业经济的转变：
- 激发个人去追求幸福而非拥有财富[2,3]；
- 激发商品的所有者–使用者(owner-users)，或者拥有物品所有权和运营权的经济行为主体(economic actors)，去关爱他们所拥有的物品和物质存量；
- 此外，政策制定者还应制定政策框架，针对朝向循环经济和可持续解决方案的转型，创造出圣–埃克苏佩里所描述的内心渴望和自我驱动力。

---

* 马振骋版中译本《要塞》(人民文学出版社，2018)中未查找到相同的段落，相关内容如下："只有来源于信仰、热忱或欲望的绝对性是重要的。因为船只往前行驶是统一体，必须有与之配合的人，他磨凿子，他用带泡沫的海水洗甲板，他爬桅杆或给木板上油。……我若向我的人传递乘风破浪的这份爱，他们每个人心中有了分量向前倾斜，那时你会看到他们自有千百种特长各显其能。……造船，这不是织布、锻铁、观察星辰，但是诱导你对海钟情，这是统一体，按此来说，就不再有什么矛盾，而是爱的同心协力。……造船以前不会对造船有面面俱到的认识。因为由我个人独自绘制船只图纸，内容分门别类，我就抓不住重点。一切在实施时就有变化，其他人可以专心去做这些设计，我不必知道这艘船的每枚铁钉。但是我必须鼓动每个人奔向海的欲望。"

第 1 章

循环经济：背景与根源

从一开始，循环性就一直是自然界的指导法则。生活在资源短缺且食物匮乏的时期，早期人类便已构建起一种非货币的循环社会。目前在全球的工业欠发达地区，这种社会仍然存在。发展循环经济的目标是保持资产（assets）的价值并管理其存量，这些资产来自于自然资产、文化资产、人力资产、制造品资产和金融资产的存量。在资源稀缺的循环经济系统中，人们不需要其他动机就会受单纯的资源需求驱动去发展循环经济，而这种内在需求促成了后工业经济社会可持续性最高的商业模式。

1.1 循环经济发展的历史背景

循环经济一直以优化物品的使用而非生产为目标；一直以在最高效用和最高价值水准上保持物品、组件以及物质分子的使用价值为目标；还有与其他经济方案相匹敌从而有效管理这些存量的目标。相较而言，自然的循环并无目标和目的，也不受货币或文化的限制。

循环经济的发展历史是一种随时间累积的渐变过程（如表1.1所示）。今日，多种形式的循环性、循环社会和循环经济等概念并存，同线性的工业经济相互交织与竞争。

在自始存在的循环性原则这一指挥棒下，自然界中的物质分子就像搭积木般被不断循环利用、拆卸或再使用，从而形成繁荣发展的生物多样性，并且使自然界的动植物区系(fauna and flora)能够适应不断变化的环境。但是，自然界的循环性无法区分人造物品以及由人工合成的材料组成的物质是否会对人类自身有害，例如海洋中存在的微塑料被鱼类吞食，而后者又被人类食用。与之类似，通过自然蒸发提纯海水得到的海盐(比起岩盐更受美食家喜好)中也会含有微塑料。在自然界中，任何东西都不会被选择性无视。人类出于道德义务，同时也是为了自身的利益，有责任去管控难以自然降解的人造物品与合成物质材料。

早期人类生活在资源稀缺、物质匮乏的循环社会中，为了维持生存，他们会充分利用可获取的自然资源和现有物品，正如新英格兰的一条古老座右铭所述：

穿破用尽，有啥用啥。

（Use it up, wear it out, make it do or do without）

表1.1 循环性平行演化的各阶段

	循环性	循环社会	个体循环社会	循环工业经济(CIE)
时间轴				
起点	贯穿始终	人类出现	产业工人出现	存在大量的工业企业
驱动因素	自然界	信仰、文化、传统（类似阿米什人的简朴思想）	生活必需；勤俭持家	保持资源的价值、提高资源的使用效率
行为主体		群体	个人	机群管理者(fleet managers)
案例	水循环，碳循环	物品公用、公共资源、传统服饰传承、公共图书馆	具有关爱意识、衣物再利用、收藏项目、物品维修	产品服务生命周期延长、商品和组件再制造、回收分子层级的物质
价值形式	非物质且无形	非货币形式	个体形式	货币形式

（续表）

	循环性	循环社会	个体循环社会	循环工业经济(CIE)
管控主体	自然界	物品的所有者-使用者	物品的所有者-使用者	物品的所有者-管理者
循环行动	森林循环、农业循环	社会共享计划	自给自足，维修保养服务	租赁服务业务，欧盟的共享铁路修复项目
涉及范围	全球(global)	本地(local)	本地	物品的涉及范围具区域性(regional)，物质分子的分布范围则覆盖全球

在全球的工业欠发达地区仍然存在因生活需要而以物易物的**循环社会**。

非货币形式的共享作为循环社会生活中必要的整合组分，见证了许多村庄数百年来的公共资源(the Commons)。修理咖啡馆(repair cafés)形成了一种现代化的共享小社会，在这里人们定期带着自己的破旧物件来咨询专家，找寻所需的修理工具，同时聊聊人生。一个共享社会对各阶层的工作者都有意义：

例如，在科研领域已经提出了倡议，鼓励共享剩余的化学试剂、设备以及更加注意实验室化学品的用途以避免重复浪费。这些实践不仅有利于科学，同时也是在保护地球。更多的资源得以解放，从而用于科学目的。

(James, 2018)

浪费物料就等于浪费金钱。

人类不断发展的技艺和能力有助于更好地利用现有的自然资源；同时，社会与文化创新、新工具和新科技的运用都进一步改善了人类的生活品质。250年前，通过抓住线性工业经济的发展机遇，工业革命帮助许多地方的人民克服了缺衣少食、居无定所的困难，但如今线性工业经济的缺陷正以不可阻挡之势扑面而来。

目前，线性工业经济的缺陷业已成为推进朝向循环工业经济转型的动因之一，在本书的后续章节中会有详述。

1.2 循环经济的研究范围

循环经济是可持续性最高的后生产（post-production）商业模式。这一商业模式利用自然资产、人力资产、文化资产和人造物品资产的存量，提升经济系统的生态、社会和经济价值并实现可持续发展。但循环经济并非唯一可行的智能与绿色战略。

"工业绿色化"（Greening of Industry）概念集（Saikku et al., 2015），诸如工业生态学（Industrial Ecology）和工业共生（Industrial Symbiosis），包括了线性工业经济所涉及回收生产过程中的废弃物梯级利用。这些概念能够有效地管理生产中的废弃物，减少环境损害并提升生产过程的经济效率。不过，提出这些概念的目标并非对物质资产进行最大化利用：闭合的水、热循环往往会比梯级利用过剩的水、热更具资源效率。然而，线性工业经济为了减少生产成本也同样会采用类似循环经济的策略，如为生产中使用的机械设备提供维修和保修服务。举例而言，通过对矿用铲斗的钢化刀片进行硬化，可以减少停机时间和铲斗磨损，延长铲斗使用的全生命周期并降低生产成本。

20世纪后期，绿色产业开始兴起。许多瞄准生产供应链优化与销售节点价值提升的新兴研究涌现了出来。

事实上，工业中无论是对能源抑或物质的废弃都是一种双重经济损失，表现为资源的损失和废弃物管理成本的产生。因此，令人惊讶的是，在线性工业经济系统中经济行为主体需要在受到激励后才会去防止废弃物（浪费）产生。

防止废弃物的产生也是一个文化议题，因为在某些文化中产生废弃物（浪费）可被视为经济低效。为了降低废弃物的产生量，那些以生产效率著称的国家如日本认为，废弃（浪费）是低效的表现，是一种"非日本"的行为，因而迹近侮辱。

当然,绿色产业的兴起有其缘由、目标和发起者:

- 工业生态学是一门研究工业系统的年轻科学,其目标是寻找降低环境影响的方法,使人们了解各产业可以如何运用该门科学的原理来减少对自然资源的消耗,并使产生的废弃物更少[1]。格雷德尔(Thomas Graedel)是工业生态学的创始人之一。他将这一概念推广至末端处理领域,例如在城市污水处理厂中回收磷元素,后者又可被再利用以生产肥料。

- 工业共生是指两个或多个工业设施或企业之间形成联合体,从而使一项设备或一家企业的废弃物或副产品以线性传递的方式成为另一项设备或另一家企业的原材料。例如,丹麦的卡伦堡(Kalundborg)生态工业园区就是一个示范标杆。在这个生态工业园区里,生石膏作为燃煤电厂发电产生的废弃物可以替代天然石膏,直接用作生产熟石膏板的资源。但是,这样的工业共生联合体易受生产环节变化的影响,如果石膏板生产商被要求强制回收自己的产品,生产商就可能会优先选择再利用自己回收的产品而不是发电厂发电产生的石膏废料。

- 工业代谢(industrial metabolism)的概念是由埃尔斯(Robert Ayres)基于生物代谢原理提出的,"是一种物理过程的整合体,包括将原材料和能源加上劳动力转化为产品的成品和废弃物的完整过程"。

- 清洁生产(cleaner production)是一种预防性的、针对企业的环境保护举措。其目的是在最小化废弃物产生和污染物排放的同时实现产品的产量最大化。

建筑行业是资源最大的买家并将成为绿色产业的龙头。如今,物料的再利用而非直接处置已成为大多数基建新项目的首选方案。

建筑业循环解决方案案例

世界上最长的全新铁路隧道——位于瑞士的圣哥达铁路隧道（Gotthard rail tunnel）全长57千米，其建造过程中产生的采矿废料量相当于5座吉萨（Giza）金字塔[2]，这些废料可作为建造新基础设施和项目结构的原材料，也包括用于隧道本身混凝土浇筑的材料。建造过程中被挖掘出的岩石共2800万吨，有15千克被运送到瑞士邮局，磨成细粉混入特殊的涂料制成一套特别发行的邮票，名为"戈塔尔多2016"（Gottardo 2016）。隧道内的热水源则被人们捕取并用于隧道入口处新建的养鱼场。——这些就是对自然资源梯级利用的例子（NZZ，2016）。

类似的情况还有修建伦敦新高铁线——伊丽莎白高铁线时，挖掘出的700万吨石材被采石场收购或修建高尔夫球场，或再利用于泰晤士河沿线自然保护工程（Explore，2018）。

其他定义循环经济的方法采用了不同的评判标准，如闭环管理标准或循环政策标准。

例如，艾伦·麦克阿瑟基金会开发了著名的蝶形示意图，采用资源可视化的方式来区分生物圈的闭环（Foster，2018）与技术圈（the Technosphere）的闭环（Ellen MacArthur Foundation，2013），前者如再生农业（regenerative agriculture），后者如循环工业经济（见表1.1 循环性平行演化的各阶段）。

一些政策制定者看到了生物经济（bioeconomy）在政策领域中与人造物品层级与物质分子层级上的循环工业经济存在相似之处。然而，欧洲环境署（EEA）* 2018年的一份报告显示，"日益增加的食品、饲料、生物材料和生

---

* European Environment Agency，欧盟建立的环境监测和分析机构，总部设在丹麦首都哥本哈根。

物能源资源需求,加剧了人类对自然资源的过度开发"。

食品、饲料、能源和水等无法二次销售和使用的消费品[在亚当·斯密(Adam Smith)看来即非生产性产品]不是本书讨论的重点。例如,一份三明治不能被食用2次,但是用过剩的食物喂猪或者将厨余垃圾转化成沼气(即甲烷),实现食物的闭环管理,这倒是很有意义。但是,上述过程是防止废弃物产生的线性梯级利用过程,在这一整个过程中存量(如食物)的价值会在之后的生产性使用中消失[3]。

本书放弃了对发展迅猛的生物经济的考察,包括可再生生物资源的生产以及将其转化为食品、饲料、生物基产品和生物能源的过程。生物经济(根据欧盟的定义)包含了农业、渔业、食品、纸浆和造纸业,以及部分化学、生物技术和能源工业。

生物经济侧重于研究自然资本如何更有效地被工业利用,但其经济特征更类似于线性工业经济而非循环工业经济。大多数生物经济系统中的产品不能被再利用,且只有开发出适当的回收技术时,分子层级的物质才能在特定条件下从废弃物的物质流中回收。例如,从污水处理厂回收磷元素的项目已经投入试点。通常,试点项目中的相关措施可以成为防止污染的依据,但其仍然存在经济上的可行性问题。于是,另一个问题随之而来:对磷元素的使用制定预防性政策在可持续性上真的不可能超过采用废弃物末端处理措施吗?

无论如何,目前仍有许多重叠在一起的议题需要讨论,可以称之为"联结点"(junctions),这些议题有助于引导我们的研究朝向最有前途的领域发展,因此也应该出现在政策制定者的"雷达"搜索范围内(Foresight,2015)。

1.3 是什么使循环经济同线性工业经济区分开来

循环工业经济是管理人造物品资产的存量,包括基础设施、建筑、车辆、设备和消费品,并尽可能以高水平保证这些存量的长期使用价值和效用的经济模式;同时,循环工业经济还管理高纯度、高价值的资源存量。

循环工业经济模式与线性工业经济模式的不同之处在于：循环工业经济模式的目标是保持价值不会降低（而非创造附加值），优化存量管理（而非流量管理），并提高商品的使用效率（而非商品的生产率）（图1.1）。

1. **自然资源**（水、能源、材料）和人力**资源**（劳动力和技能）被用于制造人造**物品**（如基础设施、建筑、设备、耐用品）

2. **商业化** 这些人造物品在出厂或销售环节（通过售卖、协约租赁、租借、出售服务等方式）被使用

3. **物品**以**最高价值**、**最佳功能**的形态被**再利用**，或物质分子以高价值、高纯度状态被回收后再利用

图1.1 线性经济和循环经济及其受控的行为主体的定位

线性工业经济终止于产品出厂或销售节点，而循环工业经济就在此节点开始。在这一节点中商品的所有权和责任从制造商转移到作为所有者-使用者的买方，之后商品的所有者-使用者可以选择优化——或不优化——商品的使用，使其成为闭环管理中可再利用、再修复和再制造的资产。商品所有者-使用者的决策取决于生态、经济、社会或文化等因素，并受到教育、同伴或群体行为、营销策略和道德诉求等开放性因素的影响。

尽可能延长资产存量保持价值和效用的时长，以此为目标的资产管理是区分循环工业经济和线性工业经济的关键特征，后者强调的是通过供应链流量管理创造价值的实时增量。循环工业经济将人们的关爱态度和时间因素引入经济和社会系统。通常情况下，社会对知识的浪费和对人造物品和物质资源的浪费是一样的：被传承的往昔知识常常与其传承者——寿数有限的博学之士——一同消逝。博物馆和图书馆可以保存经由知识创造出来的文物，但几乎无法保存知识本身，后者整合了"撞大运"（hit and miss）式经验积累以及在应用知识过程中的成败教训。

在循环工业经济中，防止废弃物的产生是物品使用优化的一部分，但在

"获取资源—制造产品—销售产品—消费产品—废旧产品处置"这样的线性工业经济中,废弃物管理是线性工业经济的最后阶段。

在线性工业经济中,一旦废旧产品的处置成为生产者的相关责任,例如在生产者责任延伸制(Extended Producer Liability,EPL)情况下,他们会有强烈的经济动机去防止在物品使用寿命终止阶段产生废弃物以及处理废弃物责任所承担的成本。将流量管理转化为存量管理已经成为生产者在产品生命周期内降低成本并获得最大利润的首选策略。生产者责任延伸制可成为政策制定者推进循环经济转型的最有力工具,并使循环工业经济成为经济行为主体、个人和政策制定者的首选项。

循环经济利用本地化的小规模生产工艺(如工匠、DIY个性化设计和修理咖啡馆)来延长人造物品的服务寿命;而循环工业经济则通过发展区域性的工业化过程(如建设再制造车间和工厂)来实现相同的目标。

循环工业经济活动与在物品使用寿命结束时回收其原子和分子层级物质的活动形成鲜明对比,后者通常需要基于规模经济的工业化流程。一般而言,回收原子和分子层级物质的纯度越高,每一批次回收工序的体量就会越小。若采用传统技术,这类回收活动需要规模经济实现全球化。因此,通过缩短收集与处理过程之间的运输距离,并对小批量回收原子和分子层级物质的工艺进行创新,将会大幅增加处理工艺的环境可行性。

在这两种情况下,现有的制造技术和处理工艺用处都极为有限。

现有的制造技术对循环经济中一些繁荣领域的影响也相当有限。在这些领域中,工匠的文化、技术和较高的个体积极性相结合,比如小提琴制造者这类专业工匠不仅仅是在展示修理和再制造弦乐器的本领,他们的自豪感也同时体现在制作全新乐器的过程中。这是一种对工作的热爱之情,而非追求利润最大化的功利之心;这种热爱见证了制琴师们建立跨国组织,将他们的知识带到欠发达国家的典型活动[4],也是循环经济具有无形且无声(invisible and quiet)的内在本质的一个例子(见第6章)。

第 2 章

循环工业经济中的循环性、可持续性和劳动力

循环经济与可持续性有着相同的愿景，即基于人文关爱态度来平衡经济、环境和社会需求的一种社会形式。经济和生态是相辅相成的，因此防止废弃物的产生也是一种减少经济损失和资源浪费的方法。循环经济通过再利用、再修复、再制造以及技术和时尚的升级来延长商品的使用寿命，用劳动密集型服务活动来替代能源和物质密集型制造活动。

2.1 向现代化的循环工业经济转型

在18世纪时，由钢铁和煤炭工业推动的工业革命使人类社会摆脱了自然资源的限制，克服了食物、商品、住房、能源和基础设施匮乏的困难，并终结了与人类同样古老的那种物质匮乏型循环社会；蒸汽机和之后的电动机将人类从动物劳动和体力劳动的限制中解放出来。工业化进程把原始的非货币化循环社会转变为货币化的工业经济社会；时间因素变得越来越重要，对劳动力的征税(taxes on labour)*被引入经济系统，并出现了制造品责任(liability for manufactured goods)的概念。

石油的发现为19世纪晚期内燃机的应用以及20世纪中叶大量合成纤维和其他人造物质材料的出现开辟了道路。在制造业领域，塑料逐渐取代木材和金属原料。这些新材料在自然界中并不存在，而且自然界的循环无

---

* 指对劳动收入征收所得税。

法消化它们，人类在推进上述替代过程时并未考虑这些事实。

从1950年至今的短暂历史时期中，工业人（industrial man）没有考虑循环性，没有考虑如何在物品使用寿命结束时重新获得这些物品，而是用数百万的人造物品填满了地球重力场范围内的空间，并用数量难以想象的塑料制品填满了各个海洋。

20世纪后期，由于物料和工艺日益复杂，这一**关联问题组**（problematique）被进一步扩大化。在许多商品的生产过程中个性化定制的金属合金得到越来越多的运用，稀土元素也是一样；如今，一部智能手机里含有化学元素周期表全部118种化学元素中的70种，通常只用微量。尽管一般的回收活动可以回收一定量的物质，但由于末端处理技术还不能对手机进行原子和分子层级的物质回收再利用，这些物质资产的绝大部分经济价值在一次性使用后便被废弃了（Material Economics，2018）。

目前，工业化国家的物质膨胀已经达到了临界点。工业化国家的线性工业经济创造了一种丰裕社会，这种社会的市场里商品琳琅满目；全球化生产不再增加财富，而是用新的财富来取代现有的财富。除此之外，合成物质材料和其他新材料混合产生的废弃物数量不断增加，推高了废弃物的处理成本，而这一成本是由整个社会来承担的，制造商缺乏经济激励去控制它。

末端废弃物管理是线性工业经济的最后环节，但在循环工业经济中防止废弃物的产生是其发展目标之一。在销售节点上，对商品的责任从生产者转移到购买者-使用者（即消费者），并传递到整个国家。消费者产生的废弃物作为不具备正价值的物品或者失去最终处理责任人的物品，对其的处理责任落到了大都市或国家头上（图2.1）。

在物质富足的丰裕社会中，循环工业经济是国家减少废弃物的最终方法。但是，当前的经济侧重于（通过回收、焚烧）迅速减少废弃物的数量，而非通过再利用和产品使用寿命的延长来保持物品在最长时间内的最高价值

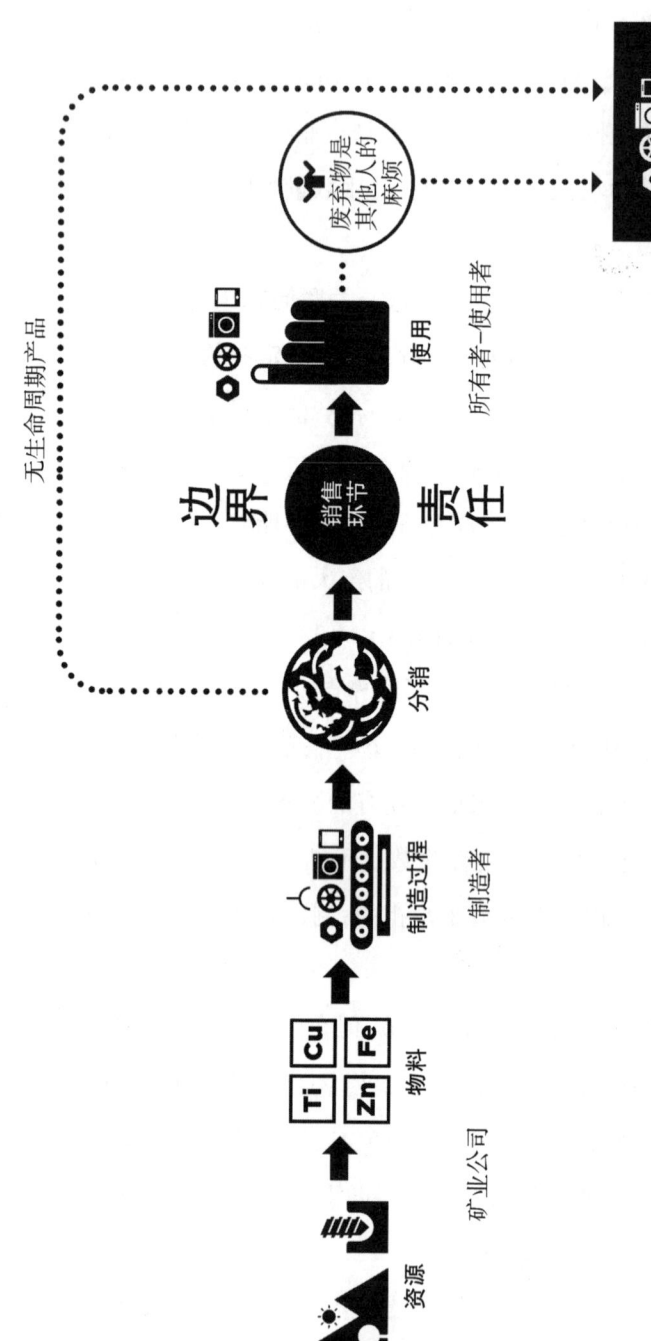

图 2.1 线性工业经济:废弃物管理是终点,而且属于其他人的责任

和效用。当然,线性工业经济中的生产者是不会参与这一过程的。

一个现代化的循环工业经济需要体现能够克服消费者所在丰裕社会所产生遗留问题的能力。这意味着三大转变:

• 无论是对人造物品还是各种合成物质材料,都要实现从匮乏带来的必要性循环经济中的手工艺方法(artisanal approach)向循环工业经济中的工业方法(industrial approach)转变;

• 实现物品闭环管理,使商品和组件能以全新产品同等的质量实现再利用("R"时代,见第4章);

• 逆向材料科学(reversed materials science),将使用过的物料进行解联(delink)分离,从而在分子和原子层级回收物质,使其以原始资源的同等纯度实现再利用("D"时代,见第5章)。

• 实现从目前注重制造质量的生产者责任制向生产者责任延伸制转变,也包括生命周期结束的物品(让无形的责任实现闭环,见第7章)。

• 实现从关注产品时尚度和新颖度的消费者态度转向关注解决方案绩效、功能和自给自足性的使用者态度(即实现以最小投入获得预期结果)。

对物质存量的智能化管理建立在"可持续性"一词的原始意义之上,该词原意来自林业管理,指的是在存量或资本(森林蓄积量)利益最大化的同时,仍然保育资产本身。

2.2 可持续性与循环工业经济

自循环工业经济诞生以来,可持续性一直是其核心内容。1713年,萨克森采矿企业的负责人冯·卡洛维茨(Hans Carl von Carlowitz)意识到用于采矿、冶金的木材存在短缺的风险,于是决定应使每年的树木砍伐量与重新生长量保持一致,以维持森林资本。他将这种工业资源保护政策命名为"**可持续性(Nachhaltigkeit)**"(Carlowitz,1713)。

之后,普鲁士的容克贵族们作为地主-林务官(landowner-foresters)采用了"可持续林业"一词,将其定义为一种优化运营方式,能使来自森林(包括动物、果树、其他植物、表层土壤)的收益最大化,同时保持并提升现存森林的规模和质量(即不仅包括森林的树木数量,还包括森林土壤的水土保持能力)。他们是关爱自然的资本家,因为森林——自然——是他们收入和财富的主要来源。

因此,从一开始,关爱就成为可持续发展和循环经济的根本态度。

关爱通常意味着一种私人关系,能够同现存的私产(如森林、动物)、个人(医学上或友情上)或者某种对象之间保持很长一段时间(Zen and the art of motorcycle maintenance;Pirsig, 1974)*,例如,关爱自然公园、博物馆展出的物品以及列入联合国教科文组织(UNESCO)名录的世界遗产。相比之下,在线性工业经济的词汇表中不存在关爱一词。

20世纪后期,在斯德哥尔摩召开的联合国人类环境大会(1972年)上,"可持续性"首次作为一种政治概念被采纳,之后在里约热内卢联合国环境与发展大会(1992年)上被再次提出。《里约热内卢宣言》以《斯德哥尔摩宣言》为基础,并对后者进行了重申,系统化地重述了对环境问题已有的规范性期许,并在一份名为《21世纪议程》**的文件中果断确立了可持续发展的法律和政治基础。

从初学者的视角来看,可持续性与循环工业经济可以被看作同一枚硬币的两面,如图2.2所示。

---

* 该书中译本有《父子的世界》(罗伯特·波尔西格著,黄欣译,中国友谊出版公司1998年11月第一版),《万里任禅游:人类寻找自我的奇妙心灵之旅》(罗伯特·波西格著,张国辰译,重庆出版社2006年8月第一版),后一译本2011年9月再版时书名改为《禅与摩托车维修艺术》。

** 原文为Agenda 20,应系作者笔误。

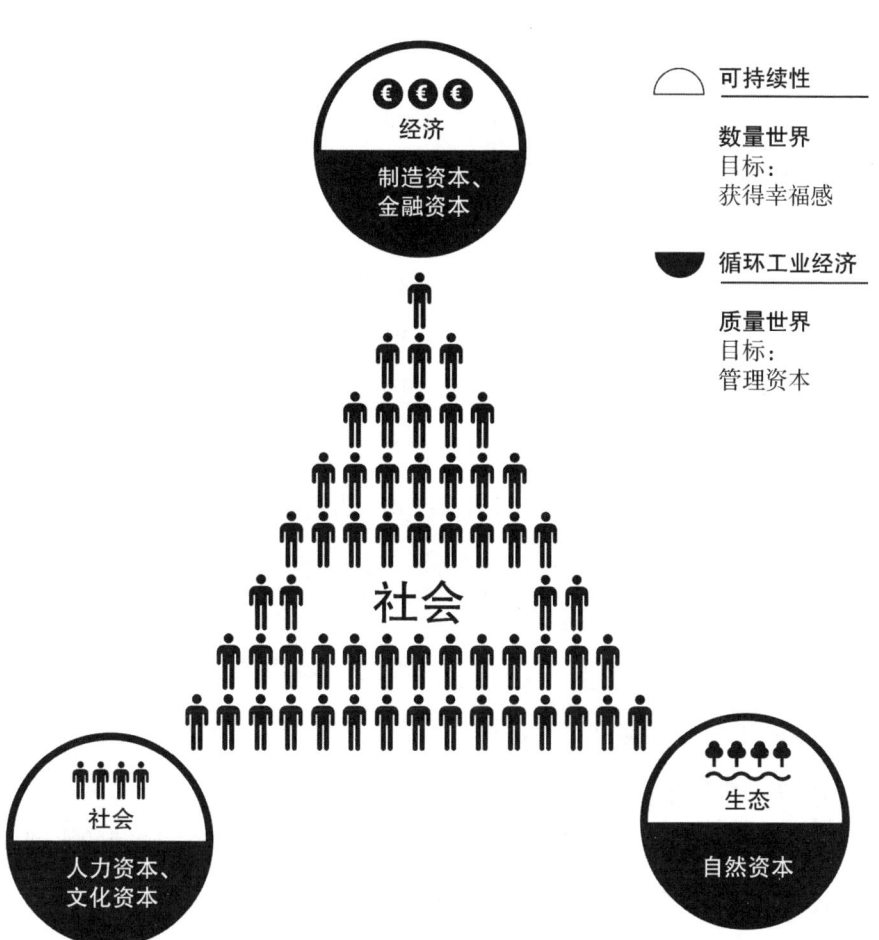

图2.2 可持续性与循环工业经济:同一枚硬币的两面

循环工业经济要实现的关键目标是在尽可能长的时间内保持人造物品与合成物质材料存量的经济价值与效用。使用(或利用)价值是我们在不消耗存量本身的情况下获取的红利[1]。

循环工业经济中的财富是用全部现存物的质量、数量总和来衡量的;增长是指上述存量总和的增加,而不是产量的增加。从这种意义上看,度量国家财富(national wealth)的统计数据才刚刚开始发布(World Bank Group, 2018)。

当前,为了使成本最小化,生产计划的优化总是包括内部循环式的重复使用和回收。因此,从有名的金匠桌袋*到塑料挤出机工艺产生的废弃物,清洁生产产生的废弃物会被卖给物料生产者进行再利用。

位于德国斯图加特的博世公司声名卓著,其创始人兼所有者博世(Robert Bosch)会捡起办公室地板上的回形针并告诉员工"不要浪费我的钱":

因为防止废弃物产生的本质就是防止经济和资源的损失,所以经济和生态会在可持续商业模式中相遇!

防止重大建筑物发生火灾等灾难性损失,不仅可以防止火灾本身的破坏,还可以防止消防队在灭火过程中对周边环境造成的破坏。以1986年瑞士巴塞尔附近施韦泽赫尔(Schweizerhalle)地区的一次火灾引发化学品仓库爆炸事件**为例。消防队为防止火势蔓延而在燃烧化学品上喷洒的水到处流淌,最终污染了莱茵河并毒死了巴塞尔下游河水中的所有动物。

由建筑物环境责任保险支付的费用最高可达建筑本身价值的100倍。如今许多消防队允许选择让着火的整栋楼完全烧毁而集中力量去阻止火势蔓延到附近其他建筑物,以此来限制损失总额。

---

* 回收金屑用。

** 有10吨杀虫剂随水流进入莱茵河,其影响范围直达下游,距离远至500千米以上,造成大量鲑鱼和小型动物死亡。事故发生之突然,影响之巨大,令欧洲社会舆论为之哗然。参见:王志向.河流治理生态工程学的发展沿革与趋势[J].水利学报,2010(15):151-153.

通过对资源流如余热的梯级利用,"工业共生"和"工业生态学"扩展了成本降低策略。这一策略在卡伦堡生态工业园区获得完善,实现了工业生产销售节点之前降成本和降废的双目标(详见第6章)。但是,这些策略对制造和销售之后的产品使用阶段或者末端处理的废弃物问题毫无作用,因此它们与循环工业经济中的再利用和延长产品服务寿命的循环有很大的不同。此外,这些策略也并不会开拓出绩效经济(the performance economy)*的机会,诸如将卖产品转变为卖服务的机会。而且,"工业共生"包藏着一个灾变级(catastrophe)风险管理问题:在国家层面上,德意志民主共和国曾经做出近乎完美的工业共生尝试;但这种尝试导致了1989年德国统一后东部地区国民经济的迅速崩溃,其原因就是"工业共生"是一个完全缺乏弹性与冗余的经济系统。

综上所述,循环工业经济系统的内涵如下:

- 它是可持续的,因为它通过维持现有的资源投资来满足市场需求,而非依赖新的材料和能源投入;
- 它通过对人力资产、人造物品资产、自然资产和金融资产的平衡使用来管理产品存量(即实物资本),例如森林、城市、车队和设备机群;
- 它促使财富和福利的创造与资源的消耗脱钩,并实现本地化经营;
- 它推进延长产品服务寿命的活动,这些活动是智能去中心化趋势的一部分,例如3D打印、AI主导的机器人制造、微型啤酒自酿坊(micro-breweries)、微型烘焙坊(micro-bakeries)以及城市农业(urban farming)。

当预期某物品会散失进入自然环境中时,应优先考虑采用可生物降解的材料,这样自然循环才可以将其消化;或者采用基于可替代技术的再利用解决方案,例如火箭的"推进式着陆"。这个案例讲述的是太空探索技术公司(SpaceX)开发的猎鹰9号火箭,它作为第一艘可重复使用的火箭,能够在

---

* 中译版参考书籍为上海世纪出版集团"世纪文库·世纪前沿"丛书中的《绩效经济》(瓦尔特·施塔尔著,诸大建、朱远等译,上海译文出版社2009年9月第一版)。

执行任务后降落至发射台,而非变成太空垃圾或者坠入大海。

2.3 循环工业经济中的劳动力

在制造业领域,四分之三的能源被用于生产水泥和钢铁等基础材料,只有四分之一用于生产建筑或汽车等商品;而对于劳动力的投入而言,两类制造领域的投入比例关系正好相反,四分之三的劳动力是用于生产商品,只有四分之一用在基础材料行业。

(Stahel and Reday-Mulvey,1976)

循环工业经济通过再利用、再修复、再制造、技术与时尚升级等方式延长商品的使用寿命,它采用与生产商品本质相似的劳动密集型活动来替代生产基础材料的能源和物质密集型活动。

循环工业经济取代了新产品的生产,从而实现人力资源取代能源,本地化作坊取代集中化工厂的生产转变,同时增加了本地就业的机会,并实现了地区再工业化。在向循环工业政策转变的过程中,对劳动力、资源的征税成为一项关键的政策问题(Stahel,2013)。

这点相当重要,因为劳动力不仅与其他生产要素不同,还具有特殊的本质。

人力资本之所以独特是因为它不仅是一种——类似树木的——可再生资源,而且也是唯一具有质量优势的资源;其质量可以通过教育和培训得以提高,但又会因不使用而迅速退化。在任何经济体中,人力资本都是一种关键但经常被遗忘或未被充分利用的资本。

(Stahel,2013)

舒马赫(Ernst Friedrich Schumacher)在《小的是美好的》(*Small is beautiful*)*一书中强调了劳动力的作用,这本书的副书名就叫《把人当回事的经济

---

* 该书已有数个中译本,如虞洪军、郑关林译本(商务印书馆1984年5月第一版)、李华夏译本(译林出版社2007年1月第一版)和刘青山译本(四川人民出版社2022年4月第一版)。

学》(*Economics as if people mattered*; Schumacher, 1973)。

创新和人力资本是连体双胞胎;因此,创新思想的来源并不局限于研发中心和学术界。一些制造商已经可以很好地理解他们的车间工人在健康、安全与环境(HSE)*主题上的创造潜力,例如,杜邦公司设立了可持续发展奖,德国铁路公司设立建议处理部门来激励、奖励对日常工作活动和环境提出改善建议的工人。另一种保持最高制造质量的方法被应用于丰田汽车工厂,每一名发现故障的员工均可以停下生产线;如此一来,故障立刻就会被迅速赶往现场查看的专家纠正。当第一代RAV4荣放开设原型车生产厂时,丰田公司主席就曾解释道:他们奉行只有工人才能不断改进产品的理念。为追求这一理念,工厂将极少使用机器人。

应用在工匠群体和中小企业(SMEs)**中的"做中学"(learning by doing)方法也是循环经济的重要组成部分。将这一技术和经济相融合的知识传播到课堂和董事会,传播到学术界和技术培训机构,传播到"R"相关的新职业,已成为向循环工业经济加速转型的重大挑战。

---

* Health, Safety and Environment.

** Small and Medium Enterprises.

第 3 章

循环工业经济：丰富的新机遇

在循环工业经济的运行过程中，将对两类存量进行管理：其一是位于销售节点之后，由所有者-使用者控制的人造物品存量（称为"R"时代），其二是由回收资源的经济行为主体掌管的合成物质材料存量（称为"D"时代）。在一个成熟的循环工业经济体系中，这两类存量的管理领域和线性工业经济将会整合为一种单一循环，商品的核心经济价值将会从交换价值转变为使用价值。这种从线性到循环经济模式的蜕变将大幅减少温室气体的排放，并提供更多的就业机会。

3.1 从循环社会向循环工业经济转型

早期人类被迫生活在一种由需求驱动的资源匮乏型循环社会中，在当今的世界上这种社会仍存在于工业欠发达地区。循环经济模式下的资产存量管理有助于实现"资产保值"目标，即从定性和定量两个方面来维持资产价值，使其在货币化的世界里经久不衰。在循环社会和循环经济中，物品和资源的所有者-使用者均处于控制地位（图3.1）。

循环系统和线性系统之间经常存在冲突，例如，自然栖息地是一种高价值的长期资本或存量资源，也是本土居民赖以生存的环境。当某些伐木公司或寻找石油与其他矿藏的地学工作人员侵入其中，这些自然栖息地会被迅速工业化。然而，由于这些高回报且由生产者控制的流程将会摧毁（非货

第3章 循环工业经济：丰富的新机遇 / 025

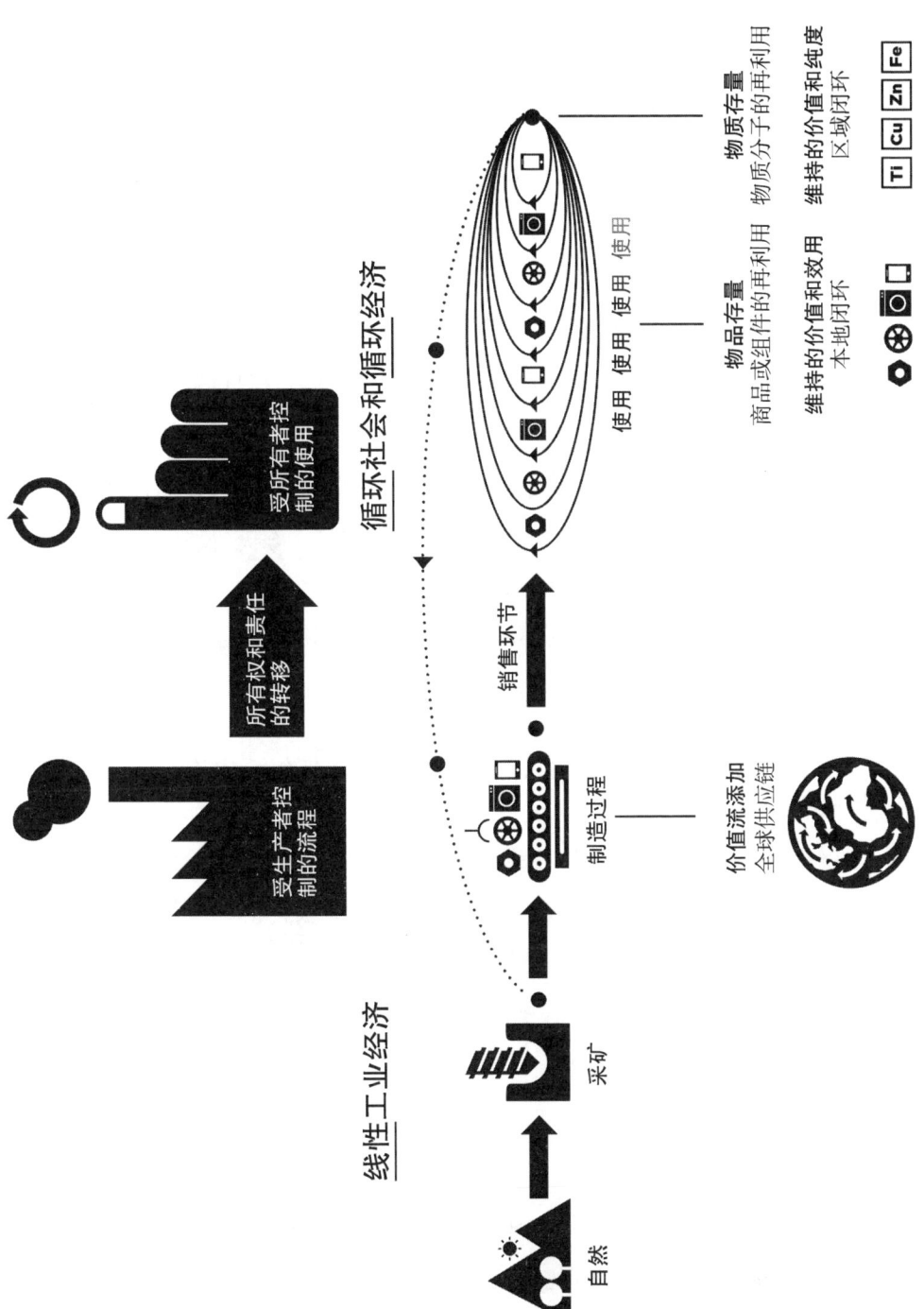

图 3.1 线性工业经济与循环社会、循环经济的特征

币化的)资源存量,并进一步耗尽自然资本和文化资本,所以只能在有限的时间段内产生货币化收入。

因此,透过经济学这一"镜头"来看,循环经济旨在使社会可持续发展愿景下的存量(资产、资本)使用价值最大化,包括自然资源存量、劳动力存量(工作和获得的技能)、文化存量(物质和非物质)、资金存量以及人工自然(manufactured nature)存量(人造物品与合成物质材料)等方面的价值最大化。其中人造的物品与材料的存量是关键,因为其聚焦于经济价值,而经济价值反过来将会引入关于所有权和责任的概念,这些概念在自然循环中是不存在的。

循环工业经济首要关注的是人造物品的存量,它在销售节点之后由所有者-使用者控制,其次关注的是合成物质材料的存量。今天,循环工业经济是线性工业经济的补充,后者生产的产品构成了前者的存量。在成熟的循环工业经济体系中,生产活动将成为其内在整合组分之一(图3.3)。采矿业可能觉得自身在循环工业经济的发展中没有一席之地,但如果其以绩效经济(详见第8章)模式采用物质分子租借而非物料出售的形式,则可能会占据主导地位。

2018年,在一份题为《从废弃物到资源生产力:证据和案例研究》(*From waste to resource productivity, evidence and case studies*)的报告中,英国政府首席科学顾问提出:废弃物实际上是一个巨大的机会,其中大部分是一种可以通过多种方式回收和再利用的潜在资源(UK OGL,2017)。

3.2 对循环工业经济的分析

在循环工业经济的发展模式下管理人造物品存量,其目的是尽可能长久地维持其尽可能高的价值和效用,而对物质分子存量的管理则是为了尽可能长时间地保持它们的最高纯度和最高价值。关于循环工业经济的第一张图表介绍可能出现于1991年(Stahel,1991),图3.2按照上述目的再现了这一情境。

第3章 循环工业经济:丰富的新机遇 / 027

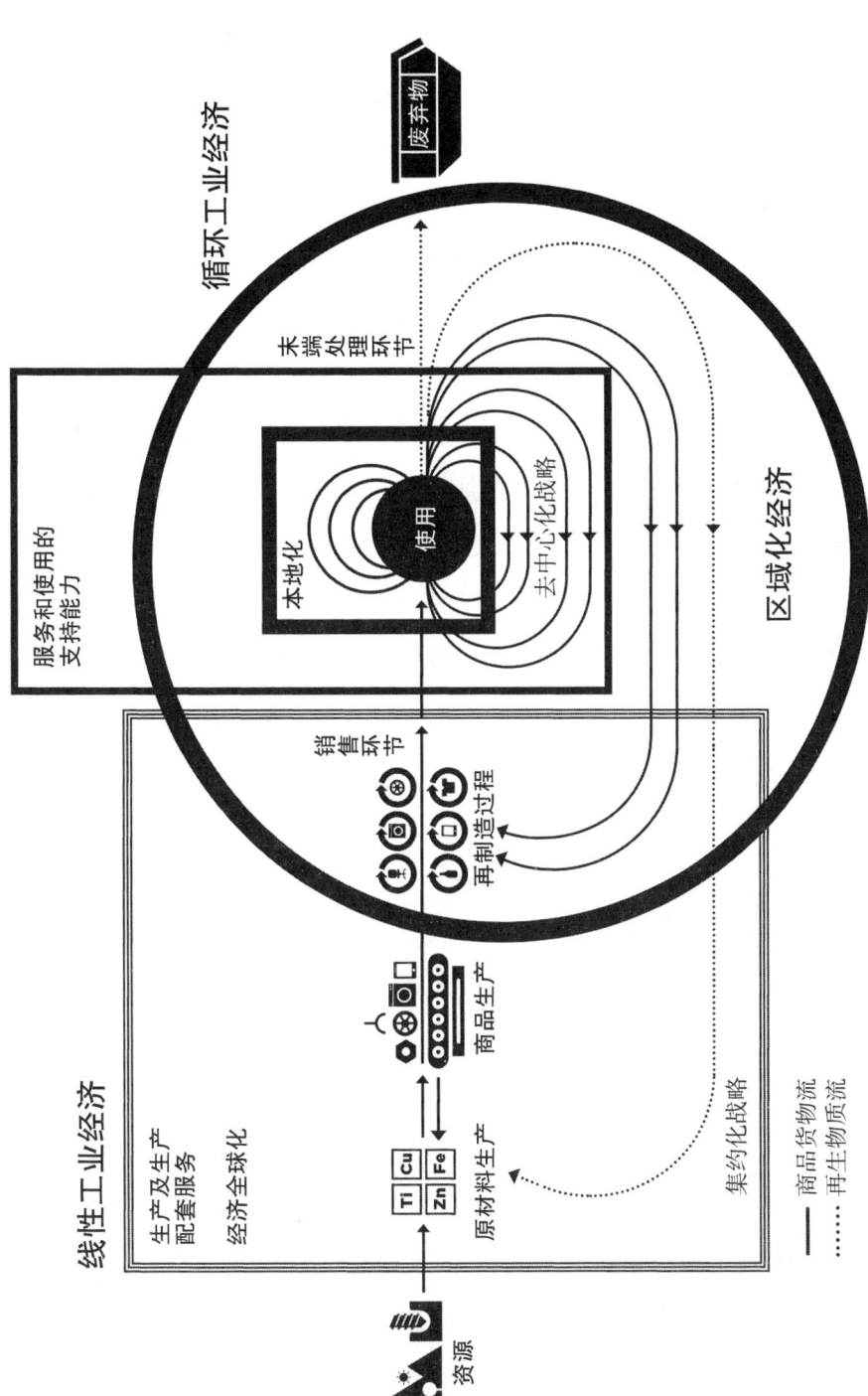

图 3.2 定位线性工业经济、循环工业经济与绩效经济

这幅早期图表已经清晰地区分了循环工业经济的3个关键范畴：

• 在该图的大圆中，它通过维持地方或区域经济中基础设施、建筑物、投资商品、设备和耐用消费品的价值与质量，管理人造物品存量及其组件的利用率或使用阶段；

• 在该图的小方框中，它是以使用为中心的地方性绩效经济；

• 图中的虚线表示在全球化的经济形式中，它将使用过的材料回流到原材料生产商，以实现分子和原子层级的物质回收。

前两个层面侧重于人造物品的使用阶段，开启了一系列的行业新机遇和新战略。然而，由于这些作为服务的活动被认为是非生产性（non-productive）的[1]，所以线性工业经济对其缺乏兴趣。

这些机遇包括：

• 第一领域：延长产品使用寿命。通过产品及其零部件的再利用、修理、再制造和技术升级来延长产品使用寿命的机遇（以下称为"R"时代）；

• 第二领域：销售使用寿命长、功能多样化的商品，以及将商品作为服务销售（出租、租赁）视为一种共享、普遍且多用途的系统解决方案，即通过销售对产品质量的监控，取代对产品的替换行为（以下称为绩效经济）；

• 第三领域：在分子和原子层级回收物质。在1991年的报告中，这一领域是建立在对清洁生产废料、纯材料"末端处理"废弃物和混合物料"末端处理"废弃物的回收基础上的（以下称为"D"时代）。

20世纪下半叶，中、小型工作坊开始为物品所有者提供一种服务，即对一次性物品进行再制造，使其达到"良好如新"（as good as new）的状态，由此实现地方手工经济向工业化的区域循环经济的转变。之后，一些专门进行再制造的独立服务公司陆续出现，这些公司开始大批量生产汽车零部件与自动售货机等设备。随之出现了大批量设备的所有者–使用者即机群管理者，如武装部队、铁路公司和航空公司。它们自行开展维护、修理和再制造活动，包括改进再制造的技术、工具和方法，促进技术升级使物品达到"更胜全新"(better than new)的品质。

在20世纪的最后10年里,复印机(施乐公司)、卡车发动机(卡特彼勒公司[*])、汽车发动机和变速箱(大众汽车公司)等领域的原始设备制造商(OEMs)[**]将技术升级作为新的工业战略率先开展再制造业务,并对损坏的产品进行回购、再销售与再制造(如卡特彼勒公司、大众汽车公司),或者将商品作为服务来销售(如施乐公司销售客户满意度)。

在一个成熟的循环工业经济中,物品和物质领域被整合成一个单一循环,这一循环也整合了提供创新性新材料和组件的线性工业经济。图3.3使用倒推法(backcasting)展现了这种成熟的循环工业经济。倒推法与预测法的原理相反,观察者首先定义其想要的结果,并将自己置身于未来,然后倒推分析现有的机会和风险。为了便于阅读,本章参考文献部分添加了章节中相关的链接。这种循环工业经济有可能成为可持续发展社会的工业化首选项。

维克曼(Anders Wijkman)和斯堪伯格(Kristian Skanberg)研究了这种成熟的循环工业经济对捷克、芬兰、法国、荷兰、波兰、西班牙和瑞典的宏观经济影响。在2016年的研究中,他们计算出在全国范围内实现循环工业经济转型将减少66%的温室气体排放,并增加4%以上的就业机会(Wijkman and Skanberg, 2016)。"66%"这一减排结果远高于减缓全球变暖议题的政治议程目标,如在巴黎举办的联合国气候大会第21次缔约方会议(COP 21)[***]上讨论的减排目标。气候大会缔约方会议由联合国领导组织,旨在寻找阻止全球变暖的政治解决方案。2018年12月,COP 24在卡托维兹举行。

一个成熟的循环工业经济与线性工业经济以两种方式相互融合,其中线性工业经济服务于:

---

　　* Caterpillar,简称CAT。

　** Original Equipment Manufacturers.

*** Conference of Parties.

030 / 循环经济

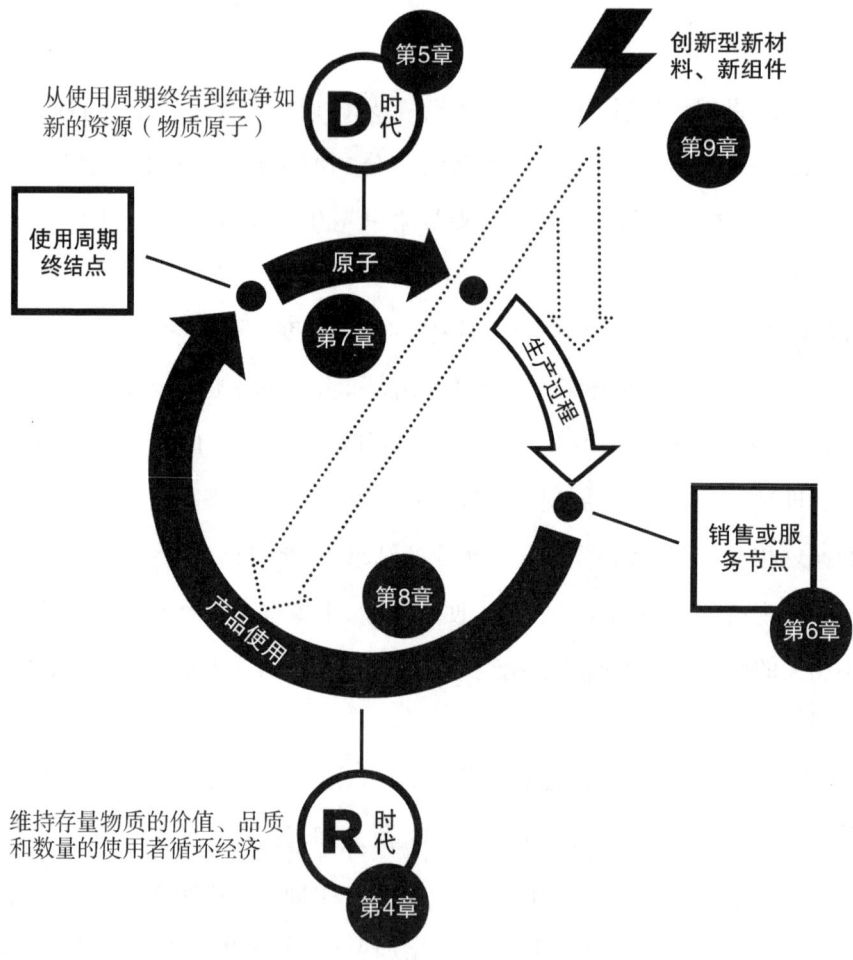

图 3.3　从成熟的循环工业经济视角倒推今天的机遇

- 通过引进创新性的材料和部件来升级现存物的品质；
- 替换技术落后、已被淘汰或毁坏的现存物。

事实上,线性工业经济已经成为成熟的循环工业经济大循环中的一个环节。

3.3 循环工业经济的一些基本原则

由于循环经济能够更有效地利用资源,因此它是一种更优越的经济发展模式。区分循环工业经济和线性工业经济的关键特征是能否在尽可能长的时段内保持物质存量的价值和效用,这一特征将在经济学中引入不受限制的"时间因素",最终也涉及责任问题(见第8章图8.5)。

循环经济通过延长物品和物质的使用寿命来减缓资源在经济体系中的流动速度,并直接影响线性工业经济的产量和末端处理中的废弃物规模:在工业化国家的饱和市场上,商品的使用寿命增加一倍将同时使其产量和废弃物产生量减半。

行为转变,例如用托管职责(stewardship)来替代所有权(ownership),以及来自于个人内心的自下而上激励——犹如圣-埃克苏佩里对大海的渴望——成为自上而下的命令-控制型法规的补充,从而使循环工业经济成为可持续发展社会的首选项。在生产过程中管理存量而非流量、保持存量价值而非创造增加值,这些目标的改变需要政策框架进行相应的调整,并可能成为政府面临的最大挑战,因此有望成为国与国之间可持续性竞争力的驱动者。

在线性工业经济中,对废弃物的获取、制造、销售、使用、处置和管理环节分别独立的负责形式将逐渐让位于整体性托管模式,甚至为保持存量的最高价值而肩负起整体责任。一个成熟的循环工业经济需要一种体现"托管价值观"(stewardship value)的方法来实时监测存量的质量和数量,这与线性工业经济经常在销售节点前使生产成本最小化的供应链管理方式不同。供应链管理是对产品开发、原材料采购、生产过程、物流运输、产品销售等一系列供应链活动以及协调这些活动所需的信息系统进行主动管理。

3.4 哪些外部因素驱动着循环工业经济

循环工业经济的增长是经由多种外部因素驱动的。例如,位于市区的垃圾填埋场在缺乏用于建筑垃圾填埋的场地等情况下可能会被用尽,因此城市更新时会倾向于对建筑进行改造而非拆除;又例如,出于政治原因,国家政策的制定者可能会推动降低对资源进口或废弃物出口的依赖,从而促进生产者延长物品的使用寿命及其相应的立法。个人则可能会出于情感需求或社会身份的需要,提升对物品的关爱程度——社会上迅速增加的老爷车数量可以为证——或者国家可能会强调文化遗产在维持政治稳定方面具有积极作用。

上面的结果是再利用、修理和再制造的业务大量增加,超过当地中小企业的承受能力,促进了区域规模经济的发展并赋予区域循环工业经济更多工业化进程——可以看到已经出现了纺织品租赁部门——同时也会引导制造商进入为循环工业经济服务的市场。这些后来者可以向现有的机群管理者团队如铁路和航空公司学习,它们显然可成为商学院学生学习循环工业经济的实践基地(Scott and Stahel,2013)。

一个新兴的外部驱动因素是公民群体主张的"政府责任",他们谴责政府没有采取实际行动去履行COP 21协议中的承诺,即在未来一段时间内将全球升温幅度控制在2℃以内。循环工业经济的相关活动可以作为CO_2补偿措施,在法庭上驳回这些索权主张(详见第10章)。

3.5 价值分歧*

在循环工业经济中,两个关键领域的任务和价值是存在差异的,这两个领域分别是保持人造物品存量的价值和效用("R"时代)与保持物质分子和原子存量的质量(或者纯度)和价值("D"时代)。

---

* 原文为The value fork。

生产者在涉及所有权和控制权问题时需要考虑到这些差异。"R"时代商品的控制权掌握在所有者-使用者手上，个人和企业都可以控制；"D"时代商品的控制权则掌握在对废弃物负责的经济行为主体手上。

- "R"时代会呈现出非同质性（inhomogeneous），因为使用中的商品存量表现出地域分散化、高度多样化的特点，且"R"活动囊括了从本地性的手工艺品制作到区域性的大批量再制造产品等多种活动。

- 为了能够最好地保持物品存量的价值，"R"时代的物品所有者-使用者应该有权力以他们认为合适的方式尽可能地再利用和修复物品。随着物品技术含量的提升，这种再利用和修复物品的权利会受到OEM生产者的限制，后者将采取多种策略，比如产品未成熟便过早淘汰，又如使新产品由于技术原因同现存物品不兼容。

- "D"时代是更适宜进行物料创新，以及采用技术解决方案分选大体量低价值的服务生命周期终结物料（即通常所称"垃圾"）的时代。"垃圾"将被转化为"与原始物料同样优质"（as good as virgin）质量等级的物质分子。

- 为了使物质分子的存量保持在最佳价值状态，废弃物的所有者有责任将其中的物质进行分类和分离，从而使物质恢复为高纯度分子。对于易逃逸（fugitive）材料如海洋中的塑料，则可以通过出租而非出售物质分子的策略将其商业化，或迫使生产者接受生产者责任延伸制（详见第6章）。

但对于使用寿命即将终结的商品，该由谁来决定在"R"时代与"D"时代中哪种方案应该得到优先考虑？做出这种决定又需要基于哪些标准呢？

顾名思义，循环工业经济事关经济学，因此首要的判断原则也应该用经济学标准！环境和社会效益将是决策的一种结果，但是在特殊情况下也是决策评判的标准。

一个简单的经济学规则就是：

产品的使用价值高于构成它的物料价值总和。

制造过程中的增值原则就是上述规则的一个鲜活证据，即从原材料到组件再到成品,每单位重量产品的市场价值都在增加。因此,在一个成熟的循环工业经济系统中,相比于"D"时代,"R"时代的解决方案理应更受产品所有者的青睐。对于产品所有者来说,很显然优化产品的使用性能比出售产品来获得原子和分子层级的物质修复更有利可图(见第5章图5.2)。

但是,当物品的使用寿命终结时,对其的管理陷入了一种真空。这些废旧物品的新主人——"由回收者转化而来的资源管理者"(recyclers turned resource managers)——他们的行为受到了法律和时间的双重压力,他们的知识和业务关系大多都处于"D"时代而非"R"时代。对于可移动的物品,切碎、焚烧和填埋是在其使用寿命终结时最快捷的管理方法,然而这样做会破坏物品存量的价值和效用。

将物品拆卸成零件和干净的物料碎片,然后进行再销售,这属于劳动和知识密集型活动,这些活动对于很多经济行为主体来说还是一片未知领域,是诗人弗罗斯特笔下的"一条未选择的路"(Frost, 1916)。

但是,不可移动的物品例如基础设施和建筑,则面临更为严重的问题。当建筑物不再被利用又不能被改造或适应其他新用途时,它们至少还能被拆除部分物品,并且拆下来的零件可以再利用,但时间压力往往成为毁坏建筑结构的主要因素。这些建筑物被爆破后炸得粉碎,只剩下价值最低的废弃物,然后这些废弃物被用于诸如筑路之类项目。

然而,建筑物中的主体结构部分约有80%的物料和能源资源被用于承重结构。这些资源在"R"时代被留存下来以再利用和修复物品,但在"D"时代就大部分消失了。

在建筑物设计时采用标准化组件的模块系统,可使这些组件在拆除后被重复使用,这是"R"时代建筑物组件设计的新兴趋势之一,能够实现生活建筑的多元化设计。同时,将基础设施和建筑物作为物资储备库来应对未来资源供给的潜在问题,这将成为"D"时代的一种新趋势。

3.6 循环工业经济面临的创新挑战

循环工业经济面临挑战的本质具有整体性,既涉及经济行为主体也涉及决策者。

"R"时代是循环工业经济最著名的部分,但仍然缺乏将其相关知识传播到董事会和教室、学术界和专业培训机构以及公共采购机构的渠道。

"D"时代在很大程度上是一个没有国界、尚待探索的研发领域。在该领域中,许多创新的解决方案将获得专利署名,并为发明者带来长期的竞争优势(详见第9章)。

发掘系统性解决方案的潜力,以及相应的技术-贸易性(techno-commercial)绩效经济创新商业模式的潜力是一种被多数企业主体所忽视的机遇,后者甚至会对实施所可能带来的变化感到恐惧。

目前,整体探索循环工业经济中固有的社会、生态和经济机遇的国家政策相当少,其部分原因是政策制定过程是由筒仓*式组织独立开展的,比如学术规范由各学科制定,宏观经济政策由工业部门制定,微观经济政策由公司部门制定。但创新的可持续解决方案大部分是由多学科和多部门——也需要一种能跳出常规思路(outside the box)的新政策思维来制定。

中国于2008年颁布了循环经济促进法,并于2009年开始实施(Stahel,2009;诸大建,2016)。自此,中国共产党全国代表大会在每个"五年规划"中都会更新每年的循环经济目标。相比之下,虽然欧盟在2008年通过实施《欧盟废弃物框架指令》(EU Waste Directive)将基于再利用和延长服务寿命的废弃物防治计划作为其优先战略,但大多数欧盟成员国从未将其纳入国家立法。欧盟第七个框架计划(FP7,2007—2013)、"地平线2020"计划(2014—2020)也在为实现废弃物防治付出巨大的努力。

---

* 原文为silos,单词原意为谷仓,后被用来引申比喻企业、组织或社会内部只有垂直指挥系统,没有水平协同机制,因此部门间各自为政,就像一个个各自拥有独立出入口的谷仓。这种情况下由于缺乏沟通与共识而无法和谐运作造成的后果被称为"筒仓效应"。

2017年，位于中国上海的同济大学可持续发展与管理研究所的研究人员发表了可持续发展科学的工作模型，这个工作模型包括3个循环周期：废弃物循环、产品循环和服务循环——这3个循环分别对应于"D"时代、"R"时代和本书中论述的绩效经济（诸大建等，2017）。如今，中国在循环工业经济领域的科学研究可能已经达到世界领先水平。

第 4 章

"R"时代：由所有者进行本地化决策

在循环工业经济中，决策的接收者是个人物品的所有者。他们的核心动机是通过再利用、维修和再制造基础设施、建筑物、设备、车辆货物等人造物品及其组件，来保持这些人造物品及组件的最高价值和最高效用。"R"时代是一个经济上有利可图、生态上可取、社会上可行的现代化时代，其中，再制造业是这一时代最先进的活动。

4.1 管理实物的存量

循环经济的核心要素是你——物品的所有者-使用者。

- 如果你的某件物品坏了，你就会去找人修复；或者如果你不想要某件物品时，你就会把它卖给其他人，这时候你就参与了循环经济。

- 如果你不再想要自己的某件物品，把该物品送给需要它的人，这时候你就会成为循环社会的一部分。

人不是一座孤岛——你与其他个体和经济行为主体的行动是相互协同的。当你处理掉某件物品并购买新的进行替换时，你就放弃了参与循环的机会。

在循环工业经济中，"R"时代（图4.1）比"D"时代（详见第5章）更有利可图且资源利用更为高效。其原因是：

对于物品所有者来说，一件物品的使用价值要比物品本身物料价值的

038 / 循环经济

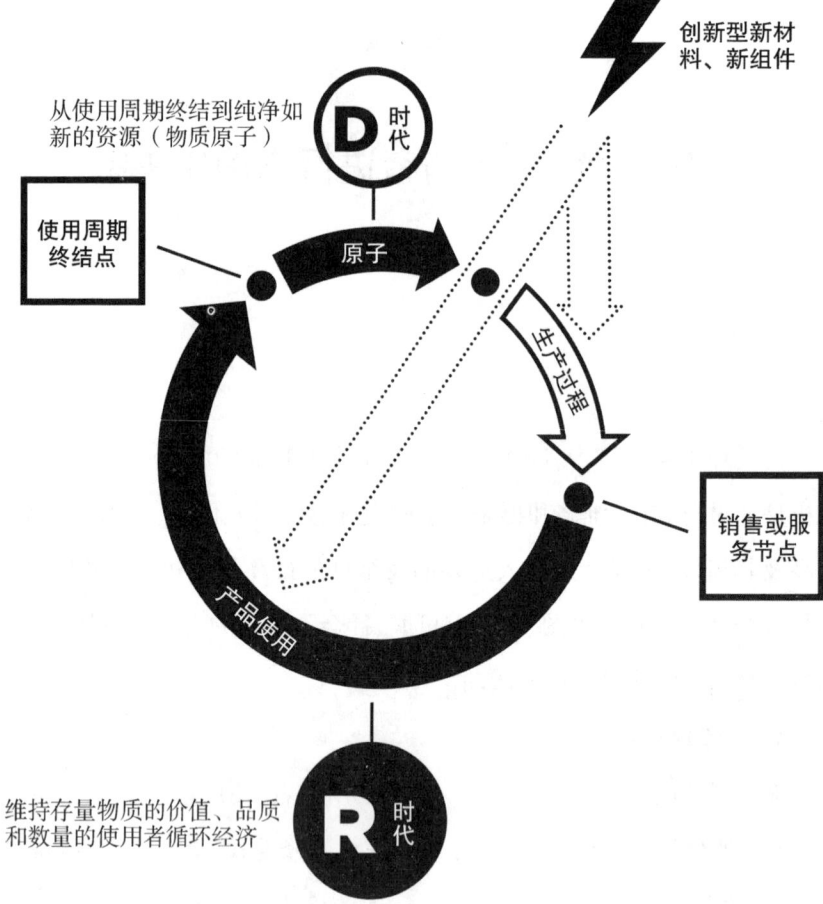

图4.1 "R"时代通过产品和组件再利用与延长服务寿命来优化产品的使用

总和更高。因此，实现"商品再利用"，靠延长商品使用寿命要比"恢复其物质分子"（即回收物料）更具经济效益和生态效益。例如，相比于回收玻璃后再生产新瓶子，再利用旧玻璃瓶更具经济效益和生态效益。

在车间或工作现场，修补衣物和修理车辆的工匠，或者免费疏通盥洗室下水道的管道工，都是由物品的所有者-使用者授权的循环经济的参与主体。同样的参与主体还出现在管理大批设备机群的车间，比如修理船用柴油机或者重新装配整条舰艇的造船厂船坞。

在这些案例中，购买商品的客户是商品的所有者-使用者，既有个人客户也有企业客户，他们出于对自身财产的关注或被商品所承载的荣誉和历史所吸引，希望自己所购买商品的使用寿命能够延长。

另一些人可能会采取以物易物方式，或者转让物品所有权使其被再利用，又或者免费帮助邻居修补衣物或维修车辆，形成一个经济系统之外的非货币化循环社会，既利己又慈善。

上述所有行动都能使个人和企业可持续地使用现有物品。物品的所有者-使用者与技术工人的合作能够优化物品使用方案，并维持物品的所有者-使用者的现有财富，保持地方就业岗位，最大限度地减少物料和能源的消费。

但在经济学家第一眼看来，循环工业经济所处的"R"时代可能存在不经济性这一问题，因为所使用的商品存量在地理上显现分散性和高度多样性的特点，而且"R"活动属于一种服务性质的活动，这就意味着在"R"活动中几乎不存在引入规模经济以提高工业生产率的空间。但"R"活动的不经济性缺点早已被最小化物质和能源的资源需求以获得经济效益的优势所抵消，后者已成为"R"时代所固有的经济活动。

4.2 决策者

在"R"时代，物品的所有者决定物品的使用方式和时间。制造商和服务业的中小企业竞相寻求"R"解决方案来延长其产品使用寿命。

对于可移动的商品，"R"时代将被分成两个截然不同的市场：

• 个人市场，个人依赖本地中小企业提供的维修服务，延长其所拥有物品的使用寿命。因为物品生产商很少会采取商品过保后仍可退货的方案，而是在保修期后采用诸如"标准交易"来回收破损较小的商品（例如平板电脑、智能手机等商品）。

• 企业市场，企业所有者（如机群管理者）凭借自身知识和技能延长其拥有物品的使用寿命。物品生产者可能会为其出售的企业产品提供定期维修和保养服务，或者在销售合同中提供产品功能担保。

对于基础设施和建筑物等不可移动的商品，大量的中小企业会提供本地化的维修和保养服务；而商品生产者及其主要的服务公司则为其关键部件如电梯提供长期维修服务合同。生产者也可能会以服务的形式出售商品，比如出租办公室和公寓房。

但是决策者是物品的所有者，他们的核心动机是延长商品的使用寿命或出售商品使其被再利用。创造个人想这样做的渴望是一种社会选择，该选择会使循环工业经济成为社会发展的首选项。同时，提供相应的激励政策使企业所有者延长其商品的使用寿命或以出售商品的形式使商品被再利用，将可能成为政策制定者的一项关键战略举措（详见第7章）。

4.3 "R"时代的特征

"R"时代的目标是在任何时候都能保持基础设施、建筑物、设备、车辆、货物和其他人造物品及其组件的最高效用与最高价值（OECD，1982）。为了在时间和空间上实现人造物品存量的使用价值最大化，"R"时代需要遵循一些规则：

• 循环工业经济是经济学相关领域，但它相对制造业经济学而言是反直觉的——现在小规模、本地化是美好且有利可图的，取代了制造业经济学中的直觉即大规模与全球化获利更丰；

- 循环的回路越小，所做的事情回报率越高，循环所在地的资源利用率也越高，惯性原则是：不修复没有损坏的物品，不对可以修复的物品进行再制造，不回收可以再制造的产品(Stahel, 2010)；

- 循环速度越慢，资源利用率越高，根据反向复利原理[1](the law of reverse compound interests)和热力学第二定律——循环中物品的每一次转变都需要消耗能源，同时损失一部分物质；

- 循环既没有起点也没有终点——新成员可以在任一节点进入循环；

- 循环工业经济通过对人造物品进行存量管理，实现用人力资源来替代能源和资源；而线性工业经济则是用能源（或机器）来替代人力资源，是对生产流程的管理。

"R"时代是可持续的，其原因在于：

- "R"时代是21世纪智能去中心化趋势的一部分[2]，其中包含了以下生产过程和设备使用：使用3D打印技术（及时生产出廉价的备用件）、本地化生产（如微型啤酒自酿坊、微型烘焙坊、水电站、太阳能光伏发电站）、使用机器人制造、开展城市农业生产，以及在酒店或家中使用小冰吧等。

- 对于规模化商品生产，"R"活动的成本与其竞品的同等新品制造成本相比平均低40%，因而在经济上是有利可图的；如果将其与生产相关的外部成本纳入计算，该项成本降低的比例甚至会更高，这是由于"R"活动不需要受制于成本（因为没有类似于采矿活动中的原始资源投入，也无须证明没有使用童工或不存在矿物冲突问题），也不需要缴纳碳税或进口关税，并且只需负担较低的环境损害责任。

"R"的商业模式不同于线性工业经济。前者的盈利能力可大大高于销售一次性使用物品的盈利能力；两家初创公司——蓝色地平线公司(Blue Horizon)和太空探索技术公司(SpaceX)开发的可重复利用式火箭就是一个例子。

- 由于"R"活动保存了最具代表性的资源（如能源、物料和水资源），因而从生态视角来看是可取的；同时，这些活动只消耗很少的资源并且不会造成浪费。由于这些活动已经本地化，他们不需要有中间存储的长途运输服务，也不需要购物中心和华丽的包装进行销售。

施泰因希尔佩(Steinhilper)估算了1997年再制造所创造的全球节能潜力，相当于350艘满载的原油运输船或8个核电站发出的电能(Steinhilper, 1998)。但由于这个话题缺少数据支撑，因此该类研究主题尚未引起主流经济学研究者的兴趣。

"R"活动不依赖全球推广；与线性工业经济的活动相比，这些活动更是无形且无声的。在从循环经济过渡到循环工业经济的转型过程中，通过品牌推广或市场营销来触及物品所有者，这一类创新路径将会变得十分重要。

• 由于"R"活动属于劳动密集型服务，能够在客户的市场上实现本地化经营，因此也具有社会可行性；这些活动需要技术工人根据自己的经验做出判断，是否有必要采取最低限度的干预措施(遵循施塔尔的惯性原则)；并且这些活动一定程度上依赖于具有技能和技术知识的"银匠"(silver workers)手艺以及随时代变迁的物品拥有者的关注；因而，这些活动也使物品的所有者–使用者形成了一种对商品的关爱态度。

由于"R"活动的每一步都离不开关爱，因此，它属于劳动和技能密集型活动。从一开始的非破坏性回收活动和保持废旧商品使用价值的拆解活动，到修复和再制造每一个拆解部件的分析解决方案，每一步活动都需要做出一个合理的定性判断。因此，开发一些创新的、经济可行的维修和再制造方法去适配传统意义上将要报废的部件，这是工程师们在再制造活动中实现经济利润最大化的终极挑战。

案例：德国高速列车(ICE-1)再设计方案

结合技术升级和时尚潮流，复杂的再制造技术方案可以解释：在资本消费过程中环境效益和资本的大量节约如何成为可能？例如，2005年，德国铁路部门通过再制造方式制造出第59批高速列车ICE-1，仅花费了300万欧元，相比之下制造类似的全新高速列车则需要花费2500万欧元。目前，这批高速列车已经服役了15年，每列列车平均行驶了1500万千米。再制造过程的"再设计"方案保留了废旧火车80%的原材料，即相当于每列废旧火车保留了16 500吨钢材和1180吨铜；同时相应减少了35 000吨二氧化碳(CO_2)排放和500 000吨采矿废料。这种再设计方案包括全部机车的技术升级与全面的内部重新设计，这使得车内座椅数量增加，从而提升了高速列车运营的收益率。

建筑业给"R"活动创造了大量的机遇。在建造大楼过程中，约有1/4的资本投入来自于人力资本，但在建筑物的承重结构建造过程中存储了80%的物料资源，包括在固定装置和设备中也存储了物料资源。因此，(通过更换固定装置和设备)翻新建筑物减少了建筑物结构中资源的大量使用，但是可能仍需要像初始建造那样投入相当的人力资本，详见1976年施塔尔(Stahel)和里德-马尔维(Reday-Mulvey)对于法国建筑业的案例研究。

有许多建筑物也是文化资产、国家遗产中的一部分；随着时间的推移，建筑物的用途在不断地发生改变，这将需要不断转变和创新建筑物的再设计方案。例如，华尔街1号是一座位于纽约曼哈顿金融区，拥有50层艺术装饰风格(Art-Deco-style)的建筑大楼。这座大楼的石灰石尖顶成为地处华尔街和百老汇拐角处的保护性地标。直到2015年9月30日，它一直服务于纽约梅隆(Mellon)银行的全欧总部。后来,地产商麦克罗威(Macklowe)买下这栋楼,将其重新开发成一座拥有566套公寓房的大楼。为了避免大楼的布局调整造成办公场所改变的尴尬,同时能够创造出更多带窗户的公寓房,大楼的电梯从靠围墙的位置被移到了大楼的中心。

在理想情况下,一栋普通大楼的平均寿命约为50年,通过再制造方案,建筑商只需消耗建造大楼所需量约1/3的物料资源。其中,对老大楼窗户的再制造能够升级整个大楼的能效系统,使大楼成为具有现代化能源隔热标准的建筑,就像2010年帝国大厦所采用的方案一样。通过落基山研究所(Rocky Mountain Institute)实施的就地再制造方案,帝国大厦原有的6514扇窗全变成了具有"超级品质"的窗户(Ellen MacArthur Foundation,2016)[3]。

此外,将建筑物设计为标准化组件组成的模块化系统,从而使这些组件被拆解后可被重复利用,这可能会对国家的资源消耗产生重大的影响。第一批采用这一原则设计的商业建筑已经在荷兰建成,例如荷兰建筑师劳(Thomas Rau)设计的荷兰奥尔赫门尼(Allgemeene)银行大楼。

可再组装的建筑设计方案或者为多种生活模式设计的建筑组件理念也正在迅速发展,并发展成为建筑师事务所和高校建筑设计院中的一个研究新领域(Durmisevic,2018)。2017年10月,南澳大学获得了一项"采用无线射频识别技术(RFID)、建筑信息建模(BIM)、互联网技术和产品服务系统(PSS)实现建筑物组件再生利用"的基金项目,该项目也成为位于伦敦的英国奥雅纳工程顾问公司(ARUP)全球研究挑战项目的一部分(Ness,2019)。位于苏黎世的瑞士联邦理工学院(ETH)正在通过一项名为NEST的大楼建设项目(详见网站:www.empa.ch/web/nest),在该项目中大楼的组件和设备均可被重复利用。

4.4 "R"时代的信任、人才与技能、经济价值与节约

在循环经济中,个人技能和价值感知能够最大化经济利益——因为在旁观者眼中真正的价值在于:"古董商买进时是垃圾,售出时就是古董"。

在"R"时代,循环工业经济在新的专业领域创造了新的工作机会(Perutz and Stahel,1979;1980)。例如修理一辆老爷车(vintage vehicle),修复一件古董家具,修补一幅旧画或修好一个旧时钟、手表需要特殊的修复工具和传统的技艺手法,但今天很少有学校会教授这些旧物维修技能。当前,新的职业频频出现,例如出现了对老式汽车(oldtimer cars)进行再制造的"汽车修复者"(vehicle restorers),这类车约占现存汽车总量的3%~5%[4]。为了以经济可行的方式修复老式汽车,汽车修复者必须掌握修复老式汽车的各种技能,从车内装潢技术到不同类型内燃机化油器的再修复技术等。随着时代的变迁,老式汽车的价值会不断增加,相反新车的价值会逐年贬值,但新车因其更具有环保性能得以享有某些特权,比如允许进入城镇的"环保监控区"(environmental zones)。

由于修复对象是那些没有价值的物品(遗产文物除外),因此修复破损物品的活动有助于发展手把手式维修职业培训。如果培训学员能够把物品生命周期年限"打破",那么他就会获得延长物品使用寿命的技能,而他投入的只是人力资本。

对于绝大部分的物品所有者,经济考量是他们做出决策的关键因素;为了提升人们对"R"活动的吸引力,需要降低"R"活动的经济成本并实现其利润最大化。因此,针对即将要报废的零部件,为其开发一些降本增值的创新性维修和再制造方法将成为工程师的终极挑战。

"R"活动要实现经济可行,得益于采用"以部分代整体"(*pars pro toto*)的维修理念。

大多数维修情况下,只需要维修物品中被磨损或损坏的少数关键部件,例如冰箱的橡胶管接头,或者汽车的发动机等。修复或再制造物品的关键组件可以维持整个物品的价值——即用部分拯救了全部,"以部分代整体"的理念。

这一用部分拯救全部的现象在复杂的定制型车辆维修服务中尤为显

著,例如对救护车、消防车、服役30年的"空军一号"飞机的维修,以及对拥有更庞大运行系统的固定物品,如基础设施、发电站、建筑大楼等组件的维护。

施塔尔认为将物品组件进行分离升级能够克服物品在时间和空间上的使用限制(Stahel,1982),因为在一个地方没有更多使用价值的物品被移动到其他另外一个地区仍然可能被销售出去——例如,机械打字机仍然可以在尚未通电的地区找到买家——抑或通过市场观察,例如,需要以绝对保密方式进行书面交流的人或机构对于机械打字机的需求量是巨大的,因为采用机械打字机的这些人或机构就不会成为遭受黑客攻击的牺牲品。因此,循环工业经济市场具有利基(niche)市场的特征,在这类市场上由于缺乏竞争性,商品或服务的价格往往相当高昂。

如今,"R"时代的知识存在于中小企业主和机群管理者手中,他们出于利己的经济原因,是再利用、再修复和再制造服务的捍卫者,但是在现有的学术界、公共采购机构和制造业中却缺乏相关的研究者。因此,当前政策制定者面临的最大挑战可能是将循环工业经济知识——包括技术性和经济性知识——传播到教室、企业董事会、学术界、技术培训机构以及公共采购机构。在欧洲,欧盟循环经济利益相关者平台(ECESP)*担负起这一挑战[5]。因为循环工业经济需要培训管理者和工人对经济系统进行全面理解,而线性工业经济只需依赖于对管理者和工人进行专业化的筒仓式教育。

4.5 充实"R"时代的框架内容

"R"时代的活动丰富多样;这些活动可能涉及也可能不涉及物品所有权的变更,而且其中的交易成本差别很大。一些生产圆珠笔、户外服装、箱包(如Eastpak)、打火机(如Zippo)的制造商都会给予其商品终身保修的承诺;他们的经销商将会给破损商品提供免费修理服务。一些机群管理者会封存尚未使用的物品,为未来的使用做准备(如美国的海军战舰),或者将其作为

---

* The European Circular Economy Stakeholder Platform.

廉价的备用件供应给市场(如飞机的零部件)。

"原状"再利用、再销售和改变用途使用具有较大的经济效益,在生态意义上是可行的,且无处不在。

- 几个世纪以来,纸钞和硬币在人们交易中一直发挥重要的作用;现在,个人和经济行为主体还可以在二手市场和类似易趣(eBay)这样的虚拟市场上进行交易。

- 使用模块化建筑系统或充气式建筑结构实现建筑业物料的再利用,对于建造临时建筑物来说非常普遍。从第二次世界大战中贝利桥(Bailey bridges)*的建造到由预制集装箱堆叠而成的现代建筑,均体现了再利用的理念。

- 机群管理者专门为不再需要的物品和材料设立了再销售办事处,他们再销售的物品和材料既包括建筑物、地块,也包括闲置零部件和二手车辆的过剩库存。举例来说,德国联邦铁路公司(DB)旗下的转卖公司 DB Resale 出售母公司不再需要或者淘汰下来的任何物品或材料。

- 二手产品被原始设备制造商和分销商回购进行清理和再销售,正成为越来越普遍的现象。我们可以看到瑞士 USM 和瑞典宜家(IKEA)那样的模块化家具制造商[6],以及欧美国家的椅子制造商还有英国的纺织品公司,它们都会回收二手产品进行再销售。

- 像 Rent-A-Wreck 这样的公司通过购买二手车并成功地对其进行最低程度的改装以实现再利用,使其成为廉价但经济利益可观的租赁车辆。

- 转化物品使用目的使其成为再利用的转化项目,包括将俄罗斯废弃的石油钻井平台改造成火箭的"海上发射"台,也包括航空公司将不再受客户欢迎的客机改造成为货物运输机,在此投入的成本仅相当于制造一架新货运飞机的一小部分。

- 改造建筑的应用更是广泛,包括在巴塞罗那将1912年建造的奥林匹克体育场改造为1992年奥运会场地,其中斗牛场被改造为购物中心,也包括

---

* 一种活动的便利桥。

将第二次世界大战期间坐落于瑞士阿尔卑斯山附近的军事防御工程改造为现代化的数据存储设施。

维修活动属于知识密集型活动,通常也涉及采用过去的材料和技术开展活动,能够很好地维护人力资本和人造资本。

- 1720年左右,巴黎的牙医福夏尔(Pierre Fauchard)提出一个观点:修复牙齿比拔掉牙齿更有意义。因此,几十年间巴黎一直是世界牙科学中心。
- 大量的本地化中小企业提供了商业化的服装修复服务、车辆、车胎、电子产品和大部分机械和机电设备的维修服务。
- 巴塔哥尼亚(Patagonia)公司*经营可移动的维修工作坊,这些工作坊的人员前往滑雪和登山比赛地为户外运动人员的服装进行免费修补。

再制造:这是"R"时代的劳斯莱斯级高端活动,但是由于其活动种类繁多,人们对其重要性难以把握。20年前,隆德(Lund)教授已经发现再制造流程属于劳动密集型业务,非常依赖于人力资本的供给和以合理成本提供(二手物品)可靠、优质的核心部件(Lund,1996)。2016年,欧盟再制造网络组织(ERN)开始在欧洲推广再制造理念[7]。2018年,国际资源专家组(IRP)提供的一份报告得出了与20年前隆德教授类似的结论(IRP,2018)——那么,为了说服线性工业经济制造商做出相应改变,我们需要做些什么?美国国家航空航天局(NASA)实施的航天飞机制造计划证明:再制造流程能够在30年内实现顶尖技术解决方案的升级。创新型再制造的捍卫者是机群管理者,例如武装部队、铁路公司、航空公司以及其他设备的管理者,尽管只有业内人士知晓他们。

- 从经济视角考量,对定制物品进行再制造,其物品性能远远优于"新"制造物品,此外还节约了大部分流入制造过程的资源。消防车、救护车、灯塔、游轮、飞机和火车的再制造就是典型的再制造例子。

---

* 美国最大的户外运动品牌之一。

- 对大批量生产的易磨损物品(如内燃机、变速箱和租赁期已满的IT硬件)进行再制造,可以实现二手商品的有规律流通、规模经济以及比制造新产品节约40%的成本。2004年,史密斯(Smith)和凯奥利安(Keolian)发现,与制造新的汽车发动机相比,对汽车发动机进行再制造可以减少50%~85%的物料使用量、温室气体排放量和废弃物产生量。

- 再制造物品的质量可以"比全新品更好",其中原因有很多,比如通过在使用过程中(发动机机体固有的)内在冶金因素或者先进的工艺技术,实现材料性能的改进(如铁路钢轨通过打磨产生的公差是通过钢铁厂生产新钢轨工艺产生公差的1/10)。在其他一些案例中,再制造过程是保护文物使用质量的必要条件,这些文物是我们文化资产中的一部分,例如,来自斯特拉迪瓦里(Stradivari)小提琴演奏出来的音乐。

- 快速可能是再制造活动中一项至关重要的优势:在珍珠港事件中,大多数遭袭击沉没的战舰被重新打捞出水,在珍珠港袭击后一年内通过就地再制造重新服役。

再精炼和再生(regenerating):欧洲溶剂回收集团*的一份研究报告《回收溶剂的碳足迹》(*Carbon footprint of renewable solvent*)指出,润滑油和溶剂等催化产品可以还原成与原始溶剂相同质量的产品,这与使用原始溶剂相比,将减少50%~95%的二氧化碳排放。"比较不同类型溶剂的二氧化碳排放量,回收使用溶剂的碳足迹介于原始溶剂和再生溶剂之间。"

再编程:微芯片通过重新编程能够使软件进行在线升级或来店升级而无须替换新的IT硬件,从而保存了战略资源并减少了资源浪费。

技术和系统升级:通过更换淘汰的零部件可以最小化能源和物料投入,无浪费地实现现有物品的快速升级,使其拥有最先进的技术。同时,通过增加新部件或替换现有部件,现存物品的使用质量将被提升至新等级。

---

* European Solvent Recycler Group.

• 建筑是最大的能源消费部门之一，在寒冷气候地区获取供暖、在炎热气候地区获得制冷效果都需要使用能源。但通过改善建筑物围护结构（如屋顶、外墙、地下室）的隔热保温能力，许多已有建筑可以在不触动其结构的情况下升级改变能耗水平，从而降低取暖的能源需求；增加外立面元素来提供更多的荫凉面积，能够减少对制冷的需求；

• 在微型电机和最新的电池技术的帮助下，实现了从机械自行车到电动自行车的转变；

• 新型的镜面和灯具可以在不改变灯塔结构的情况下"建造"出最先进的灯塔。同时，使用"冷酶"洗衣粉替代普通含酶洗衣粉，可以减少"旧"洗衣机80%的能源使用（传统洗衣机完成一次洗衣任务中90%的能源被用来加热洗衣用水；但从阿尔卑斯山和南极洲冷水中采集到的生物酶能够生产出用于"冷水洗衣"的酶）；

• 将交通工具的柴油发动机改造为使用压缩天然气的发动机，可以减少1/3的CO_2排放并几乎不产生氮氧化物（NOx）和细颗粒物排放。

时尚升级：可以让物品（如纺织品、汽车）的外观看上去显得更现代化，也有利于以高价实现再销售。

4.6 "R"时代的研究、创新与政策挑战

为了充分挖掘"R"活动的竞争优势，目前迫切需要对其财务状况进行研究，但这方面的信息目前只有内部人士知晓。例如，再制造工厂生产的投资回报率（the return on investment，ROI）是普通工厂生产相同产品的5倍（如生产柴油发动机）。但要说服公司的首席财务官（CFOs）和外部投资者开展再制造生产还需要一份可靠的财务分析报告。

从技术角度来看，"R"时代是循环工业经济研究较为深入的领域，但其研究成果的应用尚不充分。将循环经济的知识传递到学术界、专业培训机构以及其他工业部门，应该是政策制定者优先考虑的事项。在欧洲，一项类似于汉堡传统培养木匠的伙伴关系计划——伊拉斯谟计划（Erasmus programme）发起了针对手工技能培训的项目，或许能够有助于将"R"知识在更多的中小企业中传播开来。

将自己习得的知识传播出去也有助于全社会进行学习。再制造商已经知道，买回来的破损柴油发动机的价格取决于发动机的破损程度——完全毁坏还是未毁坏的，所有零部件都齐全还是残缺不全的——这也将在客户中创造一种关爱物品的态度，帮助再制造商降低再制造过程的成本，提升再制造的盈利能力。那么，将使用寿命结束的商品视为破损的商品或闲置的商品而非废弃物，将会对再制造活动的环境、社会和经济可持续性产生重大的影响。

研究客户的行为也可加速朝向"R"时代的转型。建筑物管理者已经知道，在一天中的特定时段关闭百叶窗和其他窗户可以大大降低建筑物的能源消耗。但是，在建筑物中居住的人们对于居住条件可能会有不同的优先考虑，比如有的人优先考虑直接采光和自然通风条件而非节能。

物品组件的标准化和物料性质的确定性等特征对未来投资将发挥全新的重要战略意义，因为这些特征将会影响到物品和物料的保值，从而影响投资者的收益。

第 5 章

"D"时代：由对自然资源进行资产回收的经济行为主体来做决策

"D"时代是管理原子和分子层级（即化学元素层级）物质存量的时代，其目的是保持这些物质存量的最高价值和最高纯度。这个时代意味着将在废弃物管理中进行一场文化变革，这场变革囊括了从减少物质使用数量的活动到捕获物质价值的活动，以及采用非破坏性方式收集废旧产品和未混合使用过物料的活动，这些活动将提高资源以及废弃物管理者的盈利能力。同时，这一时代需要运用科学知识开发创新的物质分离技术。

5.1 管理物质原子和分子的存量

循环经济的核心是你——二手物品的所有者-管理者：

- 如果你将二手物品拆解成组件，这些组件只是使用过但未破损，并将其重新销售，那么你就参与了循环经济活动。同时，如果你将那些破损组件卖给能够使其恢复成物质原子和分子的人，那么你同样是参与了循环经济活动。

- 如果你雇用了那些不能在一般劳动力市场寻求正常工作的人进行二手物品拆解活动，那么你就会成为这个循环社会的一分子。

自然界能够使天然物质按照其自身节律有效循环。有些地方广泛使用合成物质材料（如轮胎磨损产生的橡胶颗粒与防晒霜中的微塑料），或者将物品(如饮料容器)在使用后故意丢弃到环境中。大多数此类人造物品或合成物质材料在被投入环境后将会造成长期环境危害,例如在海洋中大量塑料的累积。即便在适宜的条件下,自然循环过程也只能随着时间的推移缓慢降解一些天然物质,例如木材和羊毛。对于构成泰坦尼克号船体的大部分材料,自然界几乎要耗费百年时间才能分解,直到今天其铁制船体部分依旧保存完好。

> 市场失灵和"线性"的产品设计方法,在很大程度上解释了为什么现在(人造物质)的价值在不断流失。人造物质价值流失的原因被发现遍布于多种产品的整个价值链,以及目前的法律法规设计方案中。尽管有诸如"生产者责任延伸制"之类的政策法规,但是在制造业中,企业几乎没有驱动力去设计可回收进行再生产的材料。因此,现有的产品设计对二次材料生产产生了负外部效应。这种负外部效应在初级物料的生产中也会出现,但很少在原材料价格中得到体现。一些法律法规和政策目标也可能引向错误的方向,从而导致物料以低价值聚合形态被使用。
>
> (Material Economics,2018)

在"D"时代,工业化的循环经济以在原子和分子层级保持现存物质的质量(纯度)和价值为目的,管理这些物质存量(图5.1)。但今日大量处理低价值物的回收技术常被视为最后手段:"眼不见,心不烦"式方法(out of sight out of mind)。为了最大限度降低处理成本或由于缺乏适当回收技术,这类方法将使用寿命结束时的物品视为"废弃物"。可以说,保持物质的经济和资源价值尚未被视为优先事项。然而,通过开采获取矿产资源需要花费资金并造成环境破坏,因此防止废弃物的产生可以节约资金并保护环境。但由于防止废弃物产生的活动会减缓国内生产总值(GDP)的增长,政策制定者和经济研究人员往往专注于生产效率提升和经济增长,而忽视了这些活动所能带来的机遇。

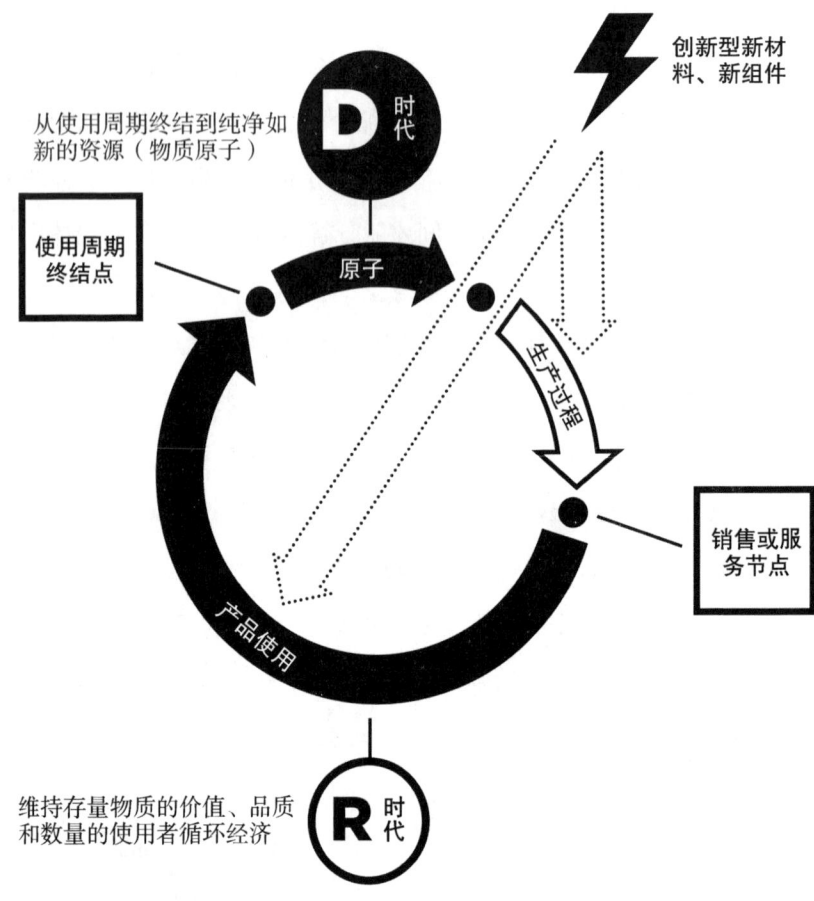

图5.1 "D"时代回收物质原子和分子——从废弃物到纯净如新的资源

5.2 "D"时代需要确定决策者以使物质保持最高价值

在物品"使用寿命的终点"保持物品最高价值的选择,取决于二手商品的所有者(即废弃物或资源的管理者)与"R"时代、"D"时代的经济行为主体之间,对废弃物处置的法律法规和正常运行市场的一种有效组合。

就个人而言,对于废弃物再利用或再销售的选择(即"R"时代的活动)涉及大量个人努力,这些努力受到来自时间、空间、经济,有时还来自法律的压力;相比之下,在大多数城市地区,收集和处置废弃物的选择可以很方便地委托给市政管理部门。

市政管理部门基于法律和成本标准,在物品的再利用、再循环选项与销毁选项如填埋或焚烧之间做出选择。

对于"废弃物"管理者而言,即使他们可以通过将二手物品或其组件再销售给出价最高者(即原始设备制造商或"R"时代的经济行为主体),实现获得更高经济价值和产生更少环境破坏的目标,但追求利润最大化可能是次要的,更为重要的是最小化废弃物处理成本,或者规避来自法律法规的阻碍,如销毁物品和回收材料的法规。例如,在一些地区,相关法律可能会强制医院使用一次性塑料代替耐用品消毒,以减少传染病的传播风险。

那么,废弃物管理者要做出对物品再利用、再循环的选择,首先要创建在二手资源的管理者、二手商品的所有者和"R"时代的潜在购买者这三者之间方便进行物品交易的市场。现今除了少数例外,这类市场并不存在:Vetrum 是一家从瓶子库中回收玻璃瓶并对玻璃瓶进行分类、质检、灭菌和再利用的瑞士公司[1],帮助大量的其他各类公司践行了循环经济原则,其官网为 www.go4circle.be[2]。尽管该公司的玻璃生产获利甚高,但这种情况即便在丰裕社会中也仍属一种罕见的例外。

要使任何一项"D"时代的活动能够有效开展,必须满足3个条件(图5.2):

- 物品能够实现从产品使用阶段到使用寿命结束时的安全转换;
- 经济行为主体能将物品进行分类,分成若干清洁的材料组分;
- 经济行为主体对物体及其所包含的物质具有持续的所有权和责任。

056 / 循环经济

图5.2 使用寿命结束后仍能保值的商业机遇：再利用抑或回收

5.3 "D"时代的特征

如果当人造物品或其组件不能重复使用时,最好的选择是以最高效用和最高价值(纯度)水准回收物质原子和分子,使其实现重复再利用(如图5.1所示)。实现这一选择的活动需要一些技术和工艺,能将(家庭产生的)混合废弃物根据物料品种分选为不同类的干净组分,并将使用过的物品拆解为具有单一成分的物质(例如,将具有不同成分的铝合金进行分选),从而实现纯净物质原子和分子的回收(Müller,2018)。

"D"时代是一个具有可持续性的时代,因为:

• 从经济视角来看,与使用原始资源相比,对物品进行物质分子回收具有一定的价格竞争优势。由于商品市场上物价具有较高的波动性,"D"时代物质的高回收成本使"D"物质的使用往往处于劣势。但如果制造商保留对物料的所有权,那么这种劣势就会变小,因为与使用原始资源相比,这样回收物质分子的交易成本和合规性成本较低。目前,在不使用童工、所采矿物与矿产法无冲突、所用材料不存在环境损害等规则方面,证明合规的成本正不断增加。此外,回收物质分子无须缴纳碳税或碳关税。

但在很多情况下,人们必须开发一些能使回收的物质分子达到该物质初次使用时纯度的技术。这些技术通常与从原始资源中提纯物质的技术不同。"闭合高纯度水平的物质圈"需要在研发过程中投入大量的前期资金(详见第9章)。

• 从环境视角来看,与生产原始资源相比——回收已使用的物质分子——可以减少大量采矿废弃物的产生和水资源、能源的消耗,减少大量开采、提纯原始资源对环境相关的负面影响[3](Schmidt-Bleek,1994)。

现有的"D"活动技术基于大批量物质的总括性处理流程。未来,如果可以针对特定金属的不同合金分别进行该金属的单独回收,则回收每种成分所需的总回收量就会降低,加工点覆盖的废料回收距离也会增加(Müller,2018)。

如果采用目前的工艺技术,回收质量越高,被回收分子的经济价值就越高,但与此同时会导致更严重的环境损害。金属合金的标准化可以降低生产过程中的物料多样性,研发并使用小批量的"微型碾磨机"能够缩短物料运输距离,从而降低运输成本。

• 从社会视角来看,"D"时代技术工人的主要机遇是商业化——包括在二手物品所有者(二手资源管理者)、"R"时代的购买者、"D"时代的购买者之间开发新的商品市场——以及在研发领域之间发展新的市场,这类研发市场主要是为开展识别和开发创新性的小批量回收纯净物质分子工艺技术的活动。只要有满足条件的劳动力和资本投入,这些研发活动可以在全球范围内开展。

如图5.2所示,"D"时代的劳动力投入在很大程度上取决于二手物品保值方式的选择。选择保持最高价值的方式需要进行劳动密集型的非破坏性回收、拆卸和分选过程,这些分选过程的成本高于用垃圾粉碎机回收垃圾的成本,并且再销售废旧的物品组件和经过分选的物质碎片需要付出更高的代价。

5.4 "D"时代的基础:研发、技术、知识与人才

"D"时代存在3个实现物质循环的关键机会:

• 改变态度,在废弃物管理中将采用"最后解决方案"处理废弃物的态度转变为保持物质分子最高价值和最高纯度的态度;

• 替换二手资源的概念,支持建立一个收集和回收纯净物质以及有序分选的"废弃物"碎片系统,实现废弃物的资源化;

• 创造新的功能、进一步发展当前的资源回收和工艺技术,以回收纯净的物质分子。

在过去的几十年里,作为欧洲废弃物管理战略的一部分,欧洲国家会将混合物料废弃物出口到国外,由其他国家进行回收,但这一历史已经一去不复返。中国——曾经是最大的废弃物回收国家——在2017年,制定了禁止

进口回收任何混合物料废弃物的法规,无论这些废弃物是塑料还是金属。亚洲其他几个国家也纷纷效仿中国出台了禁止进口、回收洋垃圾的政策。

这些政策的出台给欧洲国家的政府、工业界和学术界带来了压力,势必要求他们开发针对高价值物质的纯净原子和分子的回收方法,实现物质在制造业中的再利用。由于政府面对废弃物存在"非我发明综合征"(not invented here syndrome,简称NIH综合征)*,那么具有创新力的工业经济主体就应该成为"D"时代的掌舵人。虽然开发回收物质原子和分子的科学和技术存在无限机遇,但这些科技只有在提早与工业界合作的情况下才能加速其应用,且越早越好。政府可能会禁止工业领域使用无法降解的物质,并推广新的"D"解决方案和技术,这些从研究中产生的"D"解决方案和技术主要有以下几种:

· 采用解聚合的塑料,这种塑料现在已经作为尼龙、氟化高聚合物(聚四氟乙烯,PTFE)的原料,或使用再塑(re-extrude)塑料如高密度聚乙烯(HDPE);

· 采用去合金化金属,但是在钢材中减少镍、铬、铜元素的分量会降低钢材的质量和经济价值,目前还没有技术可以实现金属去合金化;

· 采用碳纤维复合材料脱层技术:碳纤维复合材料被越来越多地用于制造大型飞机、汽车和风电叶片,但在欧洲尚未使用脱层技术去分离复合材料和进行物质分子回收;

· 采用轮胎去硫化技术回收橡胶和钢铁:目前已经存在多种去硫化技术,但其商业化应用却因政府向旧轮胎焚烧提供补贴而受阻;

· 采用物品涂层去除技术:目前有一种技术可以将飞机机身上的油漆剥离,这种技术可以闭环使用干冰颗粒或喷射水流而非通过化学方法来剥离

---

* 指一种文化现象。处于NIH文化氛围的社会、公司和组织中,人们仅仅因为某种产品、研究成果或者知识源自其他地方,就对该事物持排斥和憎恶的态度,不愿意使用、购买或接受它。

机身表面的油漆；

• 拆解高层建筑物的技术：对现有高层建筑进行智慧拆解，可以帮助建筑管理者拆卸高层建筑内部的技术设备和室内备件，使其能够进行再销售，同时也帮助建筑管理者收回原有建筑中投入的部分能源。由于建筑结构层数越高，将物料抬升所需的能源就越多，因此在智慧拆解过程中令建筑组件和物料的高度下降就可以回收抬升物料所需的能源，这一技术效果在拆解东京一家大型酒店建筑体的过程中进行了示范；

• 拆除主要的基础设施：许多用于发电的基础设施，如大坝和压力管道，建造年代可以追溯到20世纪早期，它们将在未来数十年内退役。部分体量巨大的基础设施被设计成整体结构能够持久矗立，但其中有许多可能在未来的某个时刻不得不被拆除。其次可能轮到离岸的风力发电厂，这些发电厂的水下部分基础设施的物料投入占总投入的75%。

但是，"D"时代也有局限性。在某些情况下，例如在核电站内，对经过辐射的材料进行再利用可能是非法的。在耗散式使用（dissipative uses）的情况下，例如在沥青路面中添加碎玻璃以提升其夜间的能见度，或者给路面添加轮胎胎面上碾磨下来的橡胶以降低胎噪，此时回收玻璃和橡胶颗粒的难度很大，但该过程中形成的沥青混合物本身可以就地重熔，然后被再利用。

5.5 所有权分歧[*]

由于许多物料在其使用寿命结束时没有价值或只有负价值，此时就有一个问题要提出来，即应该由谁来参与"D"时代的活动？同时谁又应该为这些活动买单？

对少数物质如金、银和铜等而言，以纯原子或分子形式进行物质回收一般是可行的；除此以外，则需要从物质使用的源头设计预防废弃物产生的解决方案，例如设计可以多次再利用的组件，从环境保护的视角来看，源头治

---

[*] 原文为 The ownership fork。

理的设计方案比末端治理的资源回收方案更为有效。

如果没有相应的预防废弃物产生解决方案,那么可以开发一些有利可图的技术,例如从市政废水中回收纯磷的技术,以及从工业废水中回收黄金的技术。对单原子回收技术的研究也能支持"D"时代的活动。由苏黎世联邦理工学院(ETH)和卡尔斯鲁厄(Karlsruhe)理工学院(KIT)联合组建运营的单原子电子学和光子学中心(The Centre for Single-Atom Electronics and Photonics),就已经开始研究电子和光子层级的物质回收。

二手资源的管理者对实现循环工业经济的主要目标负有范围广泛的责任,这些目标包括保持物品的最高价值和最高效用,并担负起管理物质原子和分子的最高价值与纯度保持系统的托管职责。为了实现最高的投资回报率,这些管理者需要在保持物质最高价值解决方案的开发上拥有自由(见图5.2)。物品的使用价值掩盖了其所含物质的价值——事实上,由于回收物品成本高于其被粉碎后的价值,许多二手商品只有负的经济价值。因此,非破坏性地回收家具和瓶子等二手物品,以及回收报纸和塑料等废旧材料并将其分选成纯净物料部分,是发挥定价最高选择机制的先决条件。保值程度越高,废弃物管理者防止废弃物产生的回报和积极性就越高。

但是,一些立法也许会限制废弃物管理者实现利润最大化的行动自由。例如,欧盟对电气和电子设备废弃物(WEEE)*的指令可能就是一个典型的例子。这项指令要求在制造商与废弃物管理公司之间签订的合同中引入一项条款,即将制造商的责任扩展到承担服务寿命已结束的废弃物的处理成本,该条款可能会阻碍废弃物管理公司在"R"时代获取机遇,并迫使后者只能在"D"时代采取行动。政策制定者也会受到诸如保护环境、保护知识产权和维护商品的"销毁权"等立法条款之间相互冲突的阻碍——因为这些立法将废弃物所有权与托管职责分开——简而言之,这样的做法是一种缺乏整

---

* Waste of Electrical and Electronic Equipment.

体考量的政策制定方法。

不对使用寿命结束的物料进行混合回收,可在客户中创造一种对物质材料的关爱态度,并提升资源和(或)废弃物管理者的盈利能力。将二手商品视为破损商品来处理,将废旧物料视为暂时不需要的物料——而非废弃物——这样的态度会对企业在环境、社会和经济上的可持续性产生很大的影响。诸如产品和组件的标准化,以及物品中所含全部物质的特性识别等议题已经成为具有重要意义的新战略,而且这些议题可能对物质的保值产生决定性的影响,从而也会对"D"时代活动的盈利能力产生影响(另见图5.2)。

对于身处自然循环之外的人造物品和物质,生产者应该在自家产品的使用寿命结束时对其承担责任,因为生产者可以有如下选择:

• 将使用过的物质用于生产原有物品及其部件;在产品设计和资源采购中限制标准化物料的使用数量将有助于"D"时代活动的开展(Charter, 2019);

• 实施采用系统方法设计产品的策略,使用标准化的物品组件以便于拆卸、再制造和再利用产品;

• 闭环的分销渠道,包括在物品的商品化过程中选择进行售后回收或回购的逆向物流(reverse logistics)。

5.6 "D"时代政策制定者的创新与机遇

在建筑环境领域,最近的政策关注点在资源安全和资源效率,这推动了对现有的基础设施和建筑体所承载的物质存量的研究。在这种情况下,开发城市矿产(urban mining)已成为城市管理的口号之一(Baker-Brown, 2018)。然而作为一种物质存量,有关城市矿产质量高低的信息,以及今后是否适宜对其进行高纯度回收的相关信息却都很少。

将建筑物本身视为一种建材库(BaMB*)[4],其目的旨在赋予建筑"物料通

---

* Buildings as Material Banks.

行证",以该方法来增加和维持其价值,即按数量和质量列举建筑物中使用的所有物料,将其登记在该通行证上。荷兰马丹斯特(Madaster)基金组织[5]在"地平线2020"计划的支持下,为实现所建即建材的BaMB理念,将自己设计成在线的图书馆或档案馆,方便公众查阅建筑体的物料、组件和产品是否能进行再利用。将投入新建筑的物料进行登记,可为今后的城市矿产的开发活动提供基础(Oberhuber,2016)。

与其他人造物品相比,基础设施和建筑物的使用寿命可长达百年或更久。内嵌于建筑物中的物料,其质量能否满足22世纪的市场需求,只有在未来才能给出答案。因此,在模块化建筑系统中使用标准化组件,可能会大大增加建筑物组件未来方案的可选择性,也就是说视情况之所宜,这些组件可以选择再利用,也可以选择在分子层级进行物质回收。

但可以肯定的是,循环工业经济需要功能运行正常的市场来实现其目标,以保持物品和物质分子的最高价值与纯度。在市场方面,循环经济与线性工业经济没有什么不同:循环经济同样需要完善的市场体系来实现二手商品和物品组件的再销售,而对于纯净物质分子的回收也同样如此。

第 6 章

销售或出厂节点与责任

区域化的循环经济始于物品的销售节点(the point of sale, PoS),而全球化的线性工业经济却在火热的销售和宣传活动中谢幕;这两种经济系统的目标存在天壤之别。因为分销商和销售人员控制着物品的销售节点,销售期间物品的所有权和对物品的善后责任由工业生产者转到了购买者–所有者个体或专业的机群管理者的手中。这两类买方群体在维修工具的获取、维修和维护相关知识,以及在对待被视为"工具"抑或"玩具"等物品关系方面,都存在根本性的分歧。

6.1 销售节点是两种经济哲学的分界线

循环经济的中心是你——物品的销售者(salesman)或分销商(distributor)。

• 如果你对出售的物品提供了终身维修保证,那么你就参与了循环经济。同样,如果你向社会提供了回购或回收物品的免费物流服务,并将回收的物品或组件进行再销售,又或者你提供了维修信息与买方负担得起的维修工具或备件来维修使用中的物品,那么你也算是参与了循环经济。

循环工业经济是无形且无声的——在相当于线性工业经济中销售节点的物品宣传活动这一位置上,循环经济所提供的服务并没有多少"展演空间"。循环经济的行为主体与其客户的关系是相当私密性的;物品的宣传活动通常是物品的所有者–使用者以口耳相传的方式在本地开展。在循环工业经济的推进过程中，出现了一个问题，即谁应该向物品的所有者-使用者力陈循环工业经济会给其带来的好处？因为只有物品的所有者-使用者才是做出延长物品服务寿命还是处置、替换物品这一选择的决策者。

随着生产的专业化和全球化，销售节点能够发挥的作用也在不断增大。销售商品的工匠可就地识别他们的本土客户，因此他们不需要分销商；但随着生产者和购买者之间的距离越来越远，疏离感也越来越强，商店和销售人员便成为中介，他们大致按销售价格的25%抽取中介费。而后，他们的角色又被购物中心、在线网站和网络平台如Uber、Airbnb和FlixBus所替代——但这种替代并非全部都能成功（Miller，1949）。

在销售节点进行的创新活动具有偏向性，其中主要由物品生产者发挥创新者作用，随后购买者表现出选择的可能性。例如，在特斯拉出现之前，人们并未表现出想要购买电动汽车的选择意愿；特斯拉的出现则成功表明，人们对于电动车的潜在需求一直存在。如果没有制造商能提供易修式冰箱，人们购买这类冰箱的需求就无法得到满足；不过，政策制定者可以促使制造商生产此类创新物品。

6.2 玩具和工具，时尚与功能

消费型商品-广义玩具（consumer goods-toys），其销售节点是生产和使用之间的转折点（图6.1）：如果线性工业经济中生产的物品无法售出，它们就会变成无生命周期商品（zero-life goods），这涉及从食品到书籍、计算机、房屋和发电站等的诸多产品（见第2章图2.1）。

销售节点是线性工业经济中最为显眼的部分：最新的汽车、飞机以及图书，它们的年度展览就像灯塔一样引导着消费潮流；而且印刷媒体、广播和电视对商品的宣传以及越来越多的网络广告使得商品无处不在。这些宣传活动不再是帕卡德（Vance Packard）笔下那一类"隐藏的说服者"（Packard，

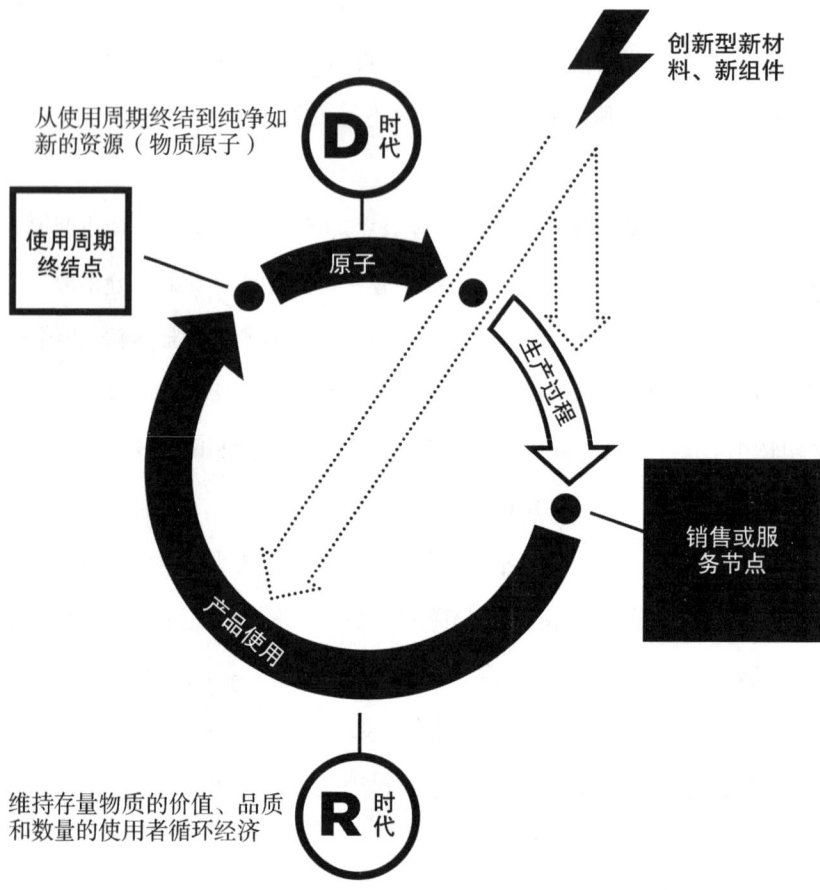

销售节点(PoS)是区分线性工业经济(LIE)与循环工业经济(CIE)的重要环节。

　　从传统意义上来讲,在PoS中,物品所有权和责任从产品生产者转移到购买者。然而,最近的立法趋势已将生产者的责任延伸到工厂大门之外,例如,已经出现"吸烟会导致死亡""石棉会导致工人过早死亡"等一些的法律标语。

图6.1　销售节点在产品生产与使用之间的关键地位

1957)*，而成了袭击旁观者的视听"震撼弹"。在目前的新式宣传中，"网红"（influencers）最能有效触及儿童等特定受众。瑞安（Ryan）是一名8岁的美国小男孩，在12个月内他从网络视频节目中获得了2200万美元的收入。他的自摄视频节目"瑞安评玩具"（Ryan-Toys-Review）使其成为著名网络视频平台上收入最高的人。在录制过程中他对玩具制造商的产品开箱点赞，然后将这期视频节目发布到自己在网络平台开设的频道上，网民点击收看该节目时需要向这个小男孩付费。这不是一个发展中国家的小孩为了一点可怜的薪水而下矿井的案例——恰恰相反，这是一个为大公司工作的孩子获得大量报酬的案例，这些公司很可能必须在他们的年度企业社会责任（CSR）**报告中努力澄清自己并没有雇佣或雇用儿童，更不会借此获利。

对于消费型商品-广义玩具而言，其销售节点会传递出新颖、时尚的单一商品信息——"更大-更好-更快-更安全-更环保"。这类商品就像孩子们喜爱的"玩具"一样，当功能相同的新品出现，原有商品的吸引力就会消失。典型的广义玩具商品包括服装、家具、车辆、运动器材以及智能手机等电子消费产品，这些广义玩具大多由个人直接购买，并在使用后被处置掉。

对于投资型商品-广义工具（investment goods-tools）而言，销售节点是介乎其制造过程和生产性使用之间的转折点，这一转折点以功能性标准为指导，力图最大限度地提高商品的投资回报预期。由机群管理者经营的设备就是典型的广义工具商品，这些管理者分属于铁路与航空公司、房地产公司、武装部队以及短租业者（rental businesses）和长租公司（leasing compa-

---

* 美国记者、作家、社会批评家帕卡德（Vance Packard，1914—1996）在1957年出版了《隐藏的说服者》（*The Hidden Persuaders*）一书，其中揭露广告界如何根据心理分析理论设计出特殊的迂回推销手法——其中最著名的是阈下讯息（subliminal messages）——结果以惊人的速度见效。但后续研究几乎都不支持帕卡德的说法，反而认为运用阈下讯息的广告并不多见，而且也没有任何成功纪录。目前"隐藏的说服者"一词指的是最有效的说服往往发生在我们根本未察觉到自己正在被说服之时，可以说近乎隐形。

** Corporate Social Responsibility.

nies),这部分内容将在关于绩效经济的第8章中详述。广义工具商品种类繁多,从生产设备、房地产到汽车、工厂、艺术品、制服和设计师手袋均有涉及。这些广义工具也是金融资产,可以通过折旧实现税收减免。通过折旧可从经济上激励人们延长物品的使用寿命,或者在物品完全折旧后再终止使用。机群管理者和其他具备专业技术的物品所有者-使用者,他们通常拥有维修和维护物品的知识和技能,甚至能重新制造他们的工具;他们所拥有的专业知识使其成为循环工业经济的拥护者。

如果经济参与主体保留对物品的所有权并将商品作为服务出售,那么作为制造过程和生产性使用之间的转折点,商品的销售节点将变为工厂的大门(对可移动的商品而言)或者建筑物的部件调试环节(对建筑物而言)。

现在,制造商和机群管理者具有完全控制物品使用寿命的能力,他们利用专业技能、知识和经济激励,采取预防措施以延长其物品的使用寿命。通过内化(internalising)全部负债以及浪费和损失的成本,他们将所有物品均视为"工具",并充分利用"R"和"D"时代的机遇,从而实现利润的最大化。

许多物品如汽车、电脑或智能手机等都具有广义两用性(dual-use)[*],表现出工具性抑或玩具性,由其用途决定。

6.3 销售节点:所有权与责任的枢轴

在销售节点,物品使用阶段和寿命结束后的所有权和责任由生产商转移到购买者,但因物品存在制造缺陷需要一定保修时间的责任除外。物品的所有权既包括再利用、再销售的权利,也包括维修、升级以及处置的权利。物品的所有者控制着物品的使用,并决定物品"存活"的期限(即使用寿命),还能决定采用哪些"R"服务,或以DIY方式以及诸如修理咖啡馆之类的社会

---

[*] 该词的常见含义是物品具有军民两用性。

性解决方案来延长物品的使用寿命。关爱的态度和高质量的运维(O&M)*服务的获取显得十分重要,因为随着产品寿命的延长,运维的服务质量变得比产品本身的制造质量更为重要。

然而,物品的所有权与责任之间的这种联结受到了经济数字化和物联网的质疑。对于智能产品和自动驾驶产品,所有权往往要在硬件和软件之间进行分割,而软件生产商占据着产品所有权的主导权。如苹果公司(作为智能手机生产商)和约翰迪尔公司(John Deere,拖拉机生产商)这样的制造商则出于诸多原因如寻求快速收回投资,仍以销售硬件产品为主,并拒绝让客户访问其软件的源代码和算法,这将使他们能够掌控修复系统的技术并控制和延长其产品的使用寿命。如果生产者想要"鱼与熊掌兼得"**,进而限制将产品中软件系统的知识产权转移给产品的所有者–使用者,并拥有随时可以中止产品使用寿命的权利,那么产品的所有权问题就变得模糊不清了。

当物品的硬件所有权被转移,但其软件所有权和控制权仍由制造商保留,矛盾就产生了。因为这种所有权的保留违反了循环工业经济的原则,即"如果不能修理,就不算拥有"(if you can't repair it, you don't own it)。也就是说,生产者在销售节点之后不应继续把持物品的软、硬件所有权。这种所有权归属不清的情况导致了"修复权"议题,iFixit公司的首席执行官维恩斯(Kyle Wiens)已经在2018年美国的法庭上就该议题的诸多方面进行了辩论。该公司尚未在任何一场官司中取得胜诉,但随着他们对这项争论的普及[1],美国有17个州已经开始推进相关立法。

欧盟成员国在2019年1月7日的会议上裁定,必须保证冰箱的备件能以常用工具进行更换,且更换时不会对冰箱造成损坏。他们还投票决定,冰箱

---

* operation and maintenance,运营与维护。

** 原文为 have the cake and eat it,既想拥有蛋糕又想吃掉它,比喻既要销售硬件产品,又想控制软件的部分所有权。

的备件必须能使用至少7年,其中某些部件如门垫圈和托盘等应向最终用户提供替换;而恒温器和温度传感器等关键备件则仅提供给专业的维修技师,他们必须获取相关的维修信息。

在绩效经济中,智能商品仅仅作为一种服务进行销售,而软、硬件的所有权与责任仍归生产商所有,从而避免了上述问题的产生(详见第8章)。

6.4 生产者责任正在转变

21世纪初,大众汽车的"柴油门"事件*已经使一些汽车制造商付出了罚款数十亿美元并执行强制回购的代价,这也可能加速了柴油汽车发动机的停产。

美国和欧洲在制造商责任的解释方面存在文化差异。作为循环经济的下一步,商品的生产者将不得不在其产品的生命周期结束后继续承担责任,从而使生产者责任形成闭环(详见第7章)。同时还将出现一种趋势:商品的一次性销售节点将越来越多地转变为经常性(recurring)服务节点。

如今,制造商已经开始销售产品的性能**,机群管理者则将销售商品转化为销售服务(如开展物品租赁服务,提供公共交通工具),或将销售物质分子转化为销售服务(如化学品租赁业务,物质分子租赁服务),他们都能为其产品所承载的功能以及生产商所承诺的产品性能提供保障。销售点

---

* 2006年德国大众汽车集团给新款EA189柴油发动机汽车配备了欺骗性的尾气测试软件,使该车型暂时符合美国尾气排放标准进入美国市场;然而2014年,私立的德美合资清洁交通国际理事会ICCT针对15款不同厂家车型的尾气排放研究报告中发现3款德国车的美国版尾气超标,排放最低的柴油车型的氮氧化物排放都超过欧VI排放标准7倍。2014年12月,大众汽车自愿召回在美国售出的48万辆配备EA189发动机车型。但是以欺骗的方式违法销售汽车的行为将在消费者心目中产生几乎是永久性的负面印象。资料来源:电车之家,尤龙之悔 深度解析大众"柴油门"事件,https://www.sohu.com/a/37624694_114771.

** 本书中单词performance处于词组performance economy时译为绩效经济。但在形容产品相关时,若译为"销售绩效"恐造成歧义,故参考了卡特彼勒公司对其《Performance Book》的官方中文版书名译法(《性能手册》)。

已转变为用户服务点。为了最大限度地提升机群管理者的利益,服务于上述经济行为主体的工业设计师现在已广泛接受生态设计(环境设计)原则以防止城市的废弃物产生和能源脆弱性。欧盟即将出台"生态设计指令"(www.coolproducts.eu/),如果这一指令生效,可能会加速欧洲在生产者责任上的转型趋势。

出于竞争压力以及力图少承担潜在的责任等原因,从"产品售后责任"向"生产者延伸责任"的转变,很可能促使制造商采用的管理模式从线性工业经济转向循环工业经济。通过购买物品的性能而非物品本身这一方式,政策制定者和公共采购机构可以成为推动这一转变的主要影响者。

6.5 对于制造商,销售节点之后意味着什么

在线性工业经济中,制造商会针对其供应链从生产节点直至销售节点进行优化。但由于商品的使用寿命越长,销售量就会越少,从而导致产量减少,规模经济效益降低,这样单位生产成本就会变得更高,于是乎这种优化选项对大多数生产商的资产负债表来说都是不利的。从本质上来讲,在当今的政策框架中物品的使用寿命越短,制造商就越有利可图。

投资型商品-广义工具的使用寿命长短是由物品的所有者-使用者决定的,他们以纳税期为限,在此期限内对投资型设备进行完全折旧。由于制造商只有通过游说的方式才能影响到折旧相关的税收制度,因此,他们在加速"以服务的出售替代产品的出售"方面影响力十分有限。同时,与开展大规模销售产品的积极性相比,他们对帮助用户将使用中的商品进行技术升级可谓兴致索然,因为后者所创造的收入较少,而且产品技术升级是一项去中心化的活动,与制造活动的中心化乃至全球化特征截然相反。

消费型商品-广义玩具的使用寿命长短也是由物品的所有者-使用者决定的,但他们的决策会受自身可支配收入和支付愿望的影响。由于许多广义玩具商品的市场接近饱和,使用寿命较短的物品会有助于推高其销售量,因此从制造商自身角度来说,他们对广义玩具商品更感兴趣。缩短商品使

用寿命的手段之一是在销售节点利用各种宣传和营销方式来推广新商品的新功能,加快新品的销售速度。例如,长期以来"突破科技,启迪未来"(Vorsprung durch Technik*)一直是德国高档汽车制造商青睐的广告语。

也有为商品提供免费维修服务的制造商,如美国的户外运动用品制造商巴塔哥尼亚,但那是罕见的例外。

然而,对于制造商来说,将循环工业经济的知识整合到制造全过程中也是有意义的,因为他们同样需要对产品进行再制造。柴油发动机制造商卡特彼勒就是一个典型的例子。卡特彼勒不再具体说明新生产的柴油发动机是属于从头制造的全新品还是属于再制造发动机,因为生产时的技术规格、销售价格和保修服务都是相同的。不同之处在于,现在公司设计新发动机时会考虑到降低产品再制造和技术升级过程中的成本。

由于再制造的唯一资源是二手产品,卡特彼勒公司会从产品的所有者-使用者那里回购损坏的发动机,回购价格取决于发动机中未被破坏的程度。因此,图 5.2 中问题的答案是,在此案例中所有的参与主体都可在保持物品最高价值的水平上重复使用物品并获利。如果制造商也是循环工业经济的参与主体,并且延长物品使用寿命的获利能在物品的所有者-使用者同(再)制造商之间共享,那么应该由谁来力陈循环工业经济的优势这一点将不再成为问题。

---

* 直译为"通过技术实现进步"。

第 7 章

无形的责任闭环:劳动力与政策的作用

处理使用寿命已结束的物品和物料(通常被称为"废弃物")的责任是由物品的最后一位所有者承担,而处置(寿命未尽的)消费性商品-广义玩具的责任则通常由市政当局(municipalities)来承担。将废弃物视为"不存在正价值的物品或失去最终处理责任人的物品",就会导致生产者责任延伸制政策的引入(涵盖了对使用寿命已结束物品的处理)。这一政策将建立针对废弃物的个体义务而非集体义务。税收政策的改变、碳信用额度的建立以及科技的飞跃,可以进一步推动循环工业经济的发展。

7.1 生产者责任延伸制(EPL):创造无形的责任闭环

循环经济的中心是你,政策制定者:

• 如果你引入政策工具,迫使生产者和销售者有义务去回收那些使用寿命已结束且被认为不存在正价值的物品,或者回收那些其所有者也不愿再承担处理责任的物品,那么你就在推动循环工业经济的发展。同样,如果你制定法律文件,令物料的生产者和销售者强制回购或回收其使用过的物料,并将物料在纯原子和分子层级进行物质还原然后再销售,那么你也是在推动循环工业经济的发展。

除了对"R"时代的物品和"D"时代的物质分子这两者的物理循环进行闭合之外,通过对物品和物质的无形责任循环实施闭环(图7.1),都可以极大地增强循环工业经济的可持续性影响。

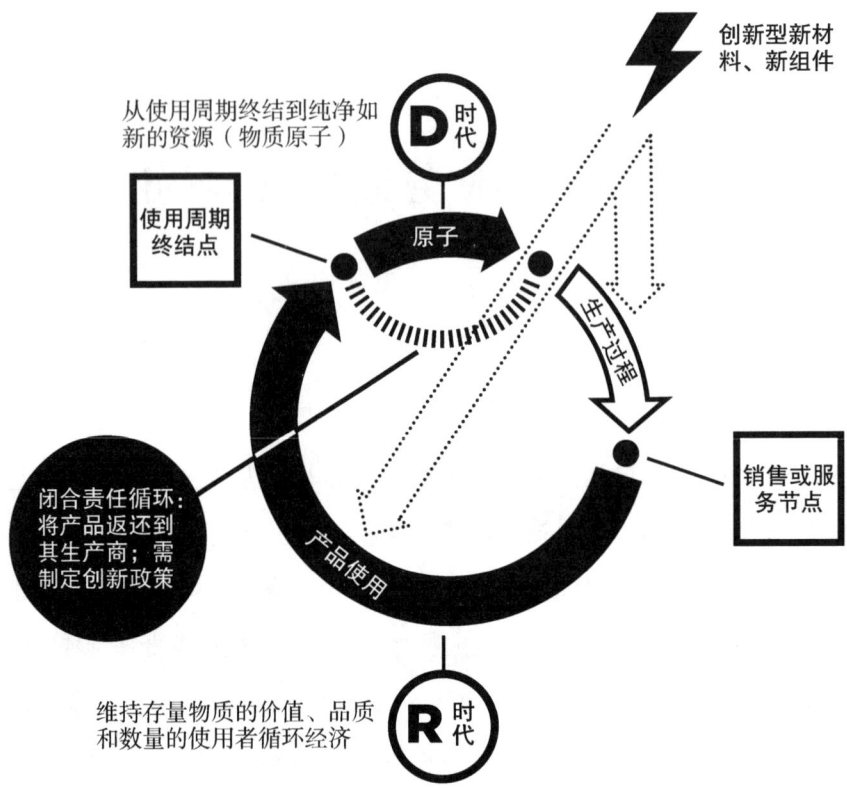

> EPL创造了一个无形的责任循环,即在物品使用寿命结束时,那些被认为不存在价值的物品和物料将被返回给作为"物品最终责任的所有人"即生产者。
>
> 由于生产者知晓这些物品的制造过程,以及制造过程所需投入的物料,因此他们最了解重新评估物品组件和物料转换成新产品或纯净物质分子的方法。
>
> EPL将销售商品的制造商和将商品作为服务出售的生产商置于一个公平的竞争环境中,后者已经保留了对物品的所有权并将物品的终端处理责任内部化。

图 7.1 生产者责任延伸制(EPL):使非物质且无形的责任循环实现闭环

在线性工业经济中,商品的使用者-所有者对其使用负责。正如武器制造商一直坚持的立场:枪支本身不会杀人,扣扳机者才应该对杀人负责。但是,将销售节点之后的生产者责任限制在较短的商品保修期内,这种线性工业经济的制造商战略从20世纪下半叶开始已经日渐褪色。雀巢(Nestlé)公司被指控向欠发达国家销售奶粉时,因为没有提供如何调制婴儿配方奶粉的详细使用说明,"对婴儿造成潜在危害";烟草业则被指控其产品对于(主动)吸烟者乃至被动吸烟者都有致死性;还有石棉行业同样被指控在该行业中生产或使用石棉水泥制品是导致工人死亡的原因,甚至在停止生产活动之后几十年内都有致死的可能。目前,这场追责运动可能会蔓延到博彩业等服务行业中,甚至包括某些人眼中"作为新式香烟的社交媒体"。这些情况可能预示着针对生产商将会出现更严格的追责性立法和惩戒性罚款,尤其是在美国。

然而,上述事态发展并不像听起来那样富于革命性。实际上,这些追责运动是1976年出台的美国资源保护和恢复法案、1980年出台的美国超级基金立法和污染者付费原则(PPP)*等在思想上的延续,其中PPP原则在1972年5月26日的经济合作与发展组织(OECD)会议的建议部分中被首次提及,并在1974年11月14日的会议上获得认可。该原则认为对自然环境造成污染的一方也负有对环境损害进行赔偿的责任。2003年,欧洲的政策制定者针对电子和电动产品的制造商和进口商施加了生产者延伸责任(EPR)**的压力(EU, 2003)。但EPR的作用仅仅体现在财务上,通常是在销售节点时给产品附加少量的额外费用。同时,产品使用寿命结束时的处理责任也可以委托给作为第三方的废弃物管理者。但是,由于后者无法获取产品生产的相关知识,并缺乏废弃物处理的专业知识——或者根据合同协议,不允许附带

---

* Polluter Pays Principle.

** ERP为Extended Producer Responsibility缩写,与EPL(Extended Producer Liability)的意思基本一致,只是欧美采用的术语不同。

废弃物处理义务——换言之,再利用废弃物品组件或物料以保持废弃物最高价值的选择是不被允许的,因此他们的意图是采用最廉价的废弃物回收或处置方法,从而放弃了图5.2中所展示的机会。

因此,只有少数电气和电子设备生产商改变了他们的工业设计优先级或者实施了回购策略,以回收其商品、商品组件或物质分子以供再利用。

7.2 物品:EPL与"R"时代的最终责任人

现有的循环工业经济政策框架,如欧盟的循环经济一揽子计划,旨在闭合"R"时代明显可见的物质循环。因此这类框架漏掉了一种实现可持续发展的重要驱动力,即生产者采用延伸责任来闭合(无形的)责任循环。

将废弃物视为"不存在正价值的物品或失去最终责任人的物品"意味着可以开创两类解决方案:

• 工业解决方案——采用具备内禀的固有价值(inherent value)的物料如金或铜,这样使用过的物品就被赋予了正价值;

• 政策解决方案——将物品的初始生产者设定为物品的最终责任所有人(ULO)*。

对责任循环进行闭环意味着物品使用寿命结束时将被认为是无价值货物,并返回到作为ULO的物品生产商。ULO的概念是从20世纪80年代引入美国的 "最终受益所有人"(UBO)**概念衍生而来,引入UBO最初是为了减少连锁经营企业的所有人通过避税天堂进行的逃税行为。

生产者延伸责任强有力地激励生产商去预防未来可能承担的责任,使他们将商品设计为在使用寿命结束时仍然具有最大价值和最小责任的物品。另外,对于那些在商品整个使用寿命期间已经拥有物品和物料所有权和责任的经济行为主体来说,生产者延伸责任可以使销售商品本身的制造商与将产品作为服务销售的经济行为主体处于公平的竞争环境中。

---

* Ultimate Liable Owner.

** Ultimate Benefit Owner.

循环工业经济的目标是保持制造物品的最高价值和最高效用,例如通过物品再利用和延长其使用寿命的策略来实现该目标。当前有一些实践进展可能会加速生产者责任延伸制的引入,例如:

- 如果法律的目的是保护受害者,考虑到经济的数字化,以及对智能商品负责任的"所有者-使用者"缺失,在体系中生产者延伸责任将保护物品用户(即消费者)的权益并保护环境;
- 如果法律的目标是实现零废弃物,那么制造物品的生产者(即设计和生产这些物品的人)名称或代码会显示在产品上,因为他们最了解人造物品是如何建造的,使用了什么材料,以及如何拆卸物品并对其物料进行再利用。此外,生产商控制着物品的增加值和分销链,对物品销售进行定价,并可以将寿命结束后物品的处理成本通过内部化转至销售节点的价格中。因此,从逻辑上来讲,生产者是其制造物品的最终责任人。

将ULO责任赋予广义工具——经济行为主体用于创造收益的人造物品(如机床,商用车辆,生产设备)——强化了商品所有者对使用寿命结束时物品处理成本的现有责任,以及通过销售实现最高水平再利用价值时的经济利益,这些商品包括:

- 适用于原始设备制造商再制造的组件,例如轴承;
- 适合资源管理者实施分子回收的物料,如黑色金属和有色金属;
- 可返还给开发商的建筑物或者它们所在的土地。

将ULO责任赋予广义玩具——属于个人所有并使用的人造物品——将改变自治体当局或物品回收商对使用寿命已结束物品(收集和处置)成本的现有责任。对于那些只有负价值的广义玩具商品,如今的城市和国家政府成了此类商品废弃物的所有者和最终手段管理者。典型的例子包括:城市的垃圾流中存在大量废弃物品,许多海洋中漂浮着塑料。

广义玩具是最为集中体现"**生产者延伸责任**"和"**最终责任所有人**"概念的物品;这些概念将强有力地激励生产者采取行动以避免对未来产品承担

责任。然而,与烟草和石棉的案例类似,生产者延伸责任的概念被用于回溯时,只能解决一些遗留问题,比如海洋中的塑料。

7.3 物料:EPL 与"D"时代的最终责任人

循环工业经济的目标是保持物质原子和分子存量的最高价值与纯度。但是,传统的末端处理回收活动的目标只是最大限度地降低回收商的回收成本,而不是为社会保留材料的最高价值。如今,尽管废弃物回收率很高,但在微观和宏观层面之间存在着经济优化理念的冲突,这种冲突导致了巨大的宏观经济损失。一份来自瑞典的最新报告从价值角度分析了材料回收(Material Economics,2018),具体而言是以货币而非实物量(以吨和立方米为单位计量)的形式分析了瑞典经济系统中物料的使用情况。瑞典的铝和钢回收率为85%(以吨为单位),而一次使用周期结束后这些物料保留的价值率为40%(以货币单位瑞典克朗计)。就瑞典的塑料而言,它的实物回收率为53%,而相应的价值保留率为15%。该报告试图回答以下问题:每100瑞典克朗的原材料进入瑞典的经济系统,在其一次使用周期结束后还能保留多少价值?材料价值流失的主要原因是什么?哪些措施可以保留更多的材料价值,有多少材料可以回收?由此可带来怎样的商机?

生产者责任延伸概念将废弃物定义为"不存在正价值的材料或失去最终责任人的材料",这一概念将为合成物质材料(如金属合金和聚合物等)的生产者提供设计回收材料分子的强大动力,这些设计将采用分选技术识别和回收材料分子,以保留材料的正价值,并防止在未来产生可能由生产者承担的责任。

需要注意的是,"最终责任所有人"和"生产者延伸责任"的概念并不能解决材料分子最终进入"免费"堆放废弃物的垃圾场问题,例如大气(CO_2和其他温室气体的排放场)、海洋(微塑料和有毒化学品堆场)和太空(废弃卫星和航天器的堆场)。这个问题被称为"公地悲剧"(Tragedy of the Commons;

Hardin,1968),如今也涉及自然资本、生物多样性、生物遗传学(biogenetics)和社会知识库等领域,并需要采取国际政治行动来解决。

7.4 循环经济中的劳动力:一个适宜探究的案例

关注时间对生产要素影响的研究或者出版物相当罕见(Giarini and Stahel,1989)[1]。这类课题研究存在一个明显的障碍,就是时间本身。例如,在读博士生应如何以一篇博士论文来分析在汽车使用过程中长达30年以上的劳动力投入?当该生完成这篇博士论文时,他也已经到了退休年龄。许多机群管理者会在很长一段时间内使用同一种设备——例如诞生于1952年的B52轰炸机或者30年前开始服役的空军一号——但他们可能无法在设备的整个使用周期内保留数据。铁路系统通常在每次机车大修后都会删除相关机车的使用寿命数据,使其看上去达到"与新车一样好"的状态。故而在应用到评判转向循环工业经济的政治决策时,合理的利好证据十分稀缺,同时相关数据即便存在,也很容易因为不具代表性而被忽视。

随着科技发展朝向延长物品寿命的技术转变(详见第10章10.2节),时间方面的影响因素研究在未来将变得越来越重要。

现有的一项研究是学者对其汽车在30年使用周期内的总费用(不包括燃料和保险的总支出)进行分析(Bierter et al.,1999;图7.2)[2]。正如理论预期的那样,研究结论显示,(随着使用时间的增加)需要支付给生产商的费用所占份额不断减少,而劳动力成本所占份额不断增加,具体费用为:

- 汽车使用10年后,支付劳动力成本所占份额从总费用的18%这一数值点开始增加;
- 汽车使用20年后,支付劳动力成本所占份额为总费用的34%;
- 汽车使用30年后,支付劳动力成本所占份额为总费用的48%。

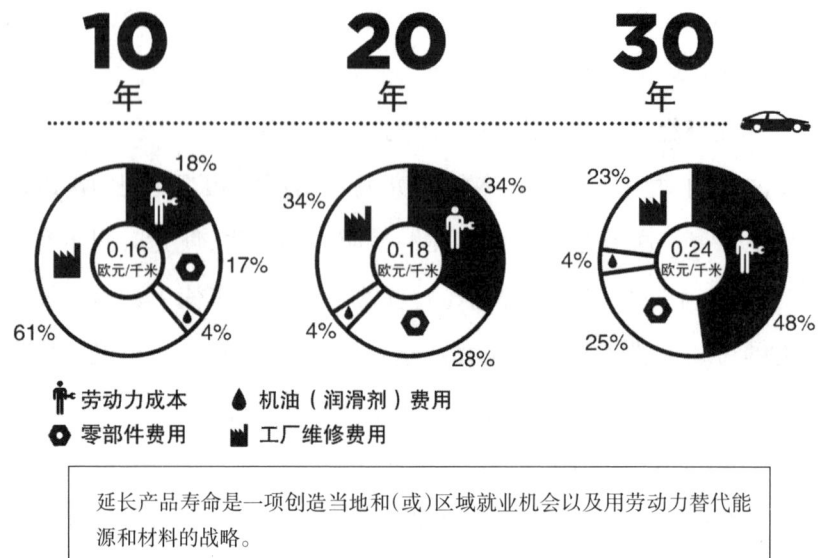

图 7.2　一辆汽车在 30 年间的运行成本分析

> 综上所述,物体使用寿命的延长显然等同于用当地劳动力替代生产中消耗的能源和物料。其他成本因素,如石油和零部件则保持相对恒定。因此,免除向劳动力的征税将使延长物品使用寿命的活动更具竞争力。这辆车至今仍可使用,特别是在老爷车展览活动时经常使用;可以预期,这辆车的劳动力成本将达到总成本的天花板,约占总成本的 75%。

在这种情况下,一辆在日本生产、在瑞士使用和维修的丰田汽车,其使用寿命的延长也意味着瑞士的汽车修理工已经取代了日本丰田工厂中的劳动力。

7.5　政策与劳动力税的作用

政策制定者正在努力解决许多全球性问题,这些问题被纳入实现可持续发展目标(SDGs)*的范围。2015 年,联合国提出了 17 项全球目标,涵盖了

---

* Sustainable Development Goals.

广泛的社会和经济发展问题。

由于循环工业经济具有高劳动力投入、低碳排放和低资源投入等特点，同时又高度依赖分散式的中小企业，因此促进循环工业经济的政策对许多可持续发展目标的实现具有整体性贡献。想要认识循环工业经济对可持续发展目标贡献的话，就需要采用整体性方法或绩效评估法去对标取代SDGs中的17个独立目标（筒仓目标）和169个具体目标。

以"可持续税收"为例（Stahel，2013），这是一个考虑作为生产要素的劳动力和物质资源两者相对权重的概念。它在线性工业经济和循环工业经济中存在很大的区别：

- 线性工业经济是资源和资本密集型经济，高劳动生产率等同于劳动投入较低；
- 循环工业经济是劳动密集型经济，高资源生产率等同于对物质、水和能源的消耗较低。

在许多国家，目前的财政政策对劳动力收取重税，并将其转移补贴给化石燃料以及其他不可再生资源的生产和消费领域——这与可持续性理念背道而驰。

要扭转这种局面，则不应对劳动力等可再生资源征税，而应对不可再生资源征税，这将直接激励个人和经济行为主体转向循环工业经济模式，即管理他们的资产，而非用新资产取代已有资产。这也将激发人们以圣-埃克苏佩里"渴望大海"的理念去"建造船只"。

经济的繁荣并不依赖所得税征收。美国有11个州不对劳动力征收所得税而经济仍很繁荣，其中佛罗里达州和得克萨斯州更是美国经济的两大重镇。这是因为劳动力是一种可再生、低废弃物、低碳排放的资源。相反，对不可再生资源征税将会更有效地促进经济繁荣，这包括：

- 加速从物质流量优化向物质存量优化的转变，加速经济模式从线性工业经济向循环工业经济的转变；

• 扩大循环经济在新经济主体和新部门中的应用；

• 加强现有的循环工业经济主体的竞争力，以及其他一切涉及关爱的活动诸如卫生、教育、自然资本和文化资本管护等活动的竞争力。

可持续税收还应通过以下方式遵循循环经济的本质：

• 在欧洲，不再对再利用、再维修和再制造等价值保持活动（其中并无价值的增加）征收增值税；

• 将"R"时代活动视为清洁发展机制（CDM）*项目（详见第10章），因其防止温室气体排放的产生，故可赋予碳信用额度，这一额度与用于减少温室气体排放的碳信用额度相同。

"R"时代活动和部分"D"时代活动可以防止大量温室气体排放（以及废弃物的产生），但根据现有或规划中的二氧化碳补偿计划，只要它是基于目前线性工业经济思维（即"先污染，然后再靠减污获得奖励！"的思路）而制定的，"R"时代和部分"D"时代活动中的温室气体减排量就无法获得碳信用额度。

一些国家已开始调整政策框架条件以适应这一事实。2016年底，瑞典议会决定对维修增值税减半，并将维修的劳动力成本从所得税中扣除。2017年在卢森堡举行的欧盟峰会上，欧盟经济事务专员莫斯科维奇（Pierre Moscovici）建议，所有欧盟成员国都各自掌握着改变国家税收政策的独享权力，因此也应执行同样的操作。停止补贴化石燃料的生产和消费也是政策框架战略调整中的一部分。

折旧的规则很大程度上影响了投资型商品-广义工具的使用寿命。因此，政府可以采用财务上较长的折旧周期来促进现有经济向循环工业经济的过渡。例如飞机的平均使用寿命是根据财务上的折旧周期计算的，约为15年，这意味着飞机制造商承担的产品责任期限要达到18～22年。商品

---

* Clean Development Mechanism.

的使用寿命,制造商的责任周期和税收折旧期这三者的长度之间存在很强的相关性(Stahel,2010,p185—186)。国家立法机构可以制定相应的政策,利用方便税收减免的较长折旧周期,以及制造商对产品承担责任的较长责任周期,从而创造出一些居家就业机会,防止废弃物的产生并促进区域经济的发展。

政策制定者将面临越来越大的挑战,需要调整现有政策以适应现实世界的变化。使用价值作为循环经济中的新核心经济价值,需要重新定义第三方责任的补偿,例如在保险合同中用对第三方责任的补偿取代折旧价值。延长使用寿命技术的出现要求对方便税收减免的商品折旧期也进行相应延长,防止由于公司税收原因导致的商品使用寿命缩短;应对全球气候变化的呼声需要人们认识到循环经济对二氧化碳的排放具有预防作用,并且可以通过增加碳补偿信用额度来奖励参与循环经济的经济行为主体(详见第10章)。

公共采购政策是政府加速经济向循环工业经济转变的另一种方式,公共采购机构既作为物品的主要购买者-所有者,也通过政府对购买者-所有者实施的补贴政策而获得补贴。公共采购费用和公共补贴费用对工业化国家GDP的影响合计约占其35%。

7.6 恰当经济指标的作用

通过引入绝对脱钩指标(图7.3),政府可以让政策制定者、经济行为主体和消费者看到经济模式转变的影响。2000年欧盟的里斯本战略[3]提出将更多财富、更多就业机会和更低的资源消耗作为经济发展目标,这些目标与循环工业经济的目标吻合。图7.3对这些目标的影响因素进行了分析,并显示可推导出两个绝对脱钩指标:

- 单位资源的价值,以欧元每千克计算(单位:€/kg);
- 单位资源的劳动力投入,以劳动力投入小时数每千克计算(单位:hr/kg)。

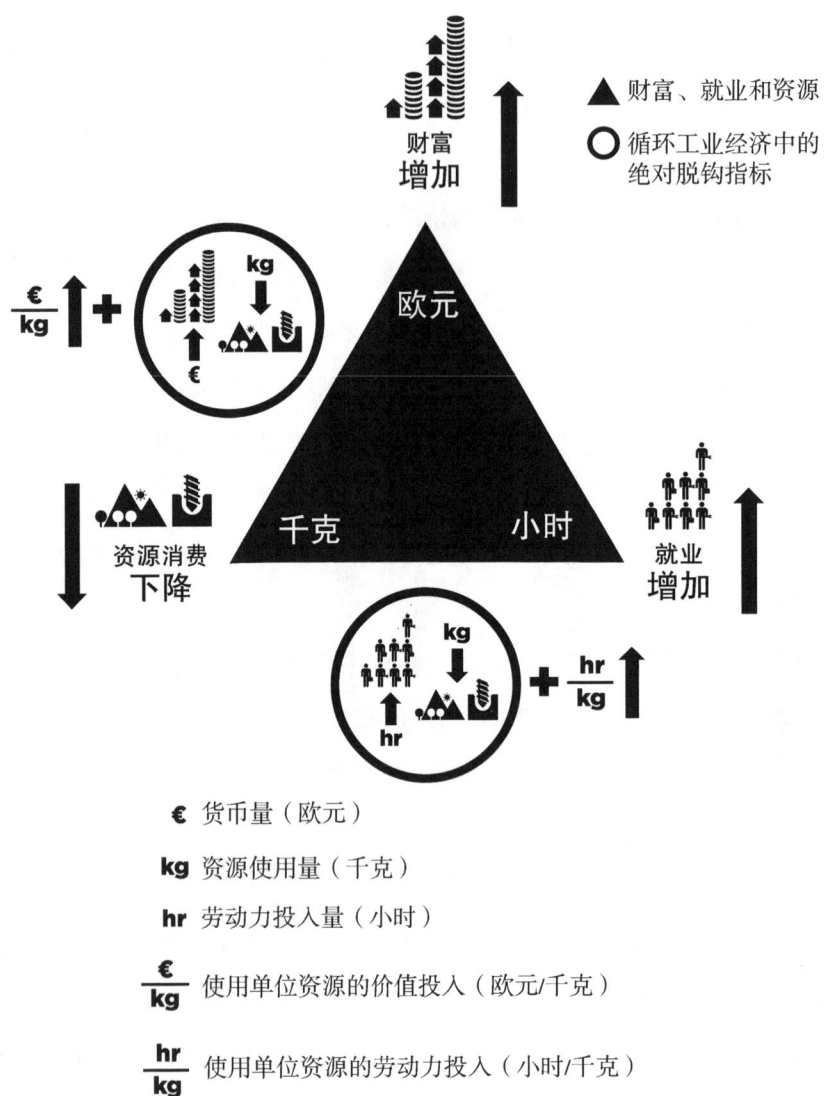

图 7.3 循环工业经济中的两种绝对脱钩指标表征资源消耗减少带来的财富和就业机会增加

这些脱钩指标在销售节点以单位"净欧元/千克"和单位"净小时[*]/千克"来衡量,可用于比较不同商业模式下商业化产品的可持续性(Stahel,2006,p62 & p127)。其中,"千克"和"小时"是指在物品生产相关过程中投入的资源量和内嵌于物品中的资源量;实现物品的再利用则不需要资源投入(零千克)。

现在可以使用这两个绝对脱钩指标得出经济部门的可持续性绩效评级(图7.4)[4]。比较线性和循环工业经济中典型的人造物品和活动,可以发现存在两种不同的经济活动集群:

• 一种是单位资源劳动力投入比率(hr/kg)较低的线性工业经济活动,这类经济活动与高度机械化过程中的大规模生产一脉相承,而且单位资源价值比率(€/kg)也较低,只有中等水平,其涉及商品范围从水泥等基础材料到USB存储卡等智能商品;

• 一种是因再利用、再制造和销售性能(商品即服务式销售)而具有较高单位资源劳动力投入比率(hr/kg)和较高单位资源价值比率(€/kg)的循环工业经济活动,此类经济活动与生命科学和纳米技术等新技术相结合,而这些新技术本质上生产的是非物质化(dematerialised)产品。

不过,一些价值极高的商品,如钻石和农产品藏红花,不属于图7.4所示的经济活动范围。

7.7 政府与政策制定者的作用

如果一个政府希望致力于将循环工业经济作为人造物品与合成物质材料的首选项,则它:

• 不得不克服一个过渡阶段,此时目标存在相互矛盾之处;

• 可以从多个策略选项中进行选择;

• 还必须对收益进行量化,并将其出售。

在过渡阶段,从目前占主导地位的线性工业经济向循环工业经济转变

---

[*] 以时长代表劳动力投入量。

086 / 循环经济

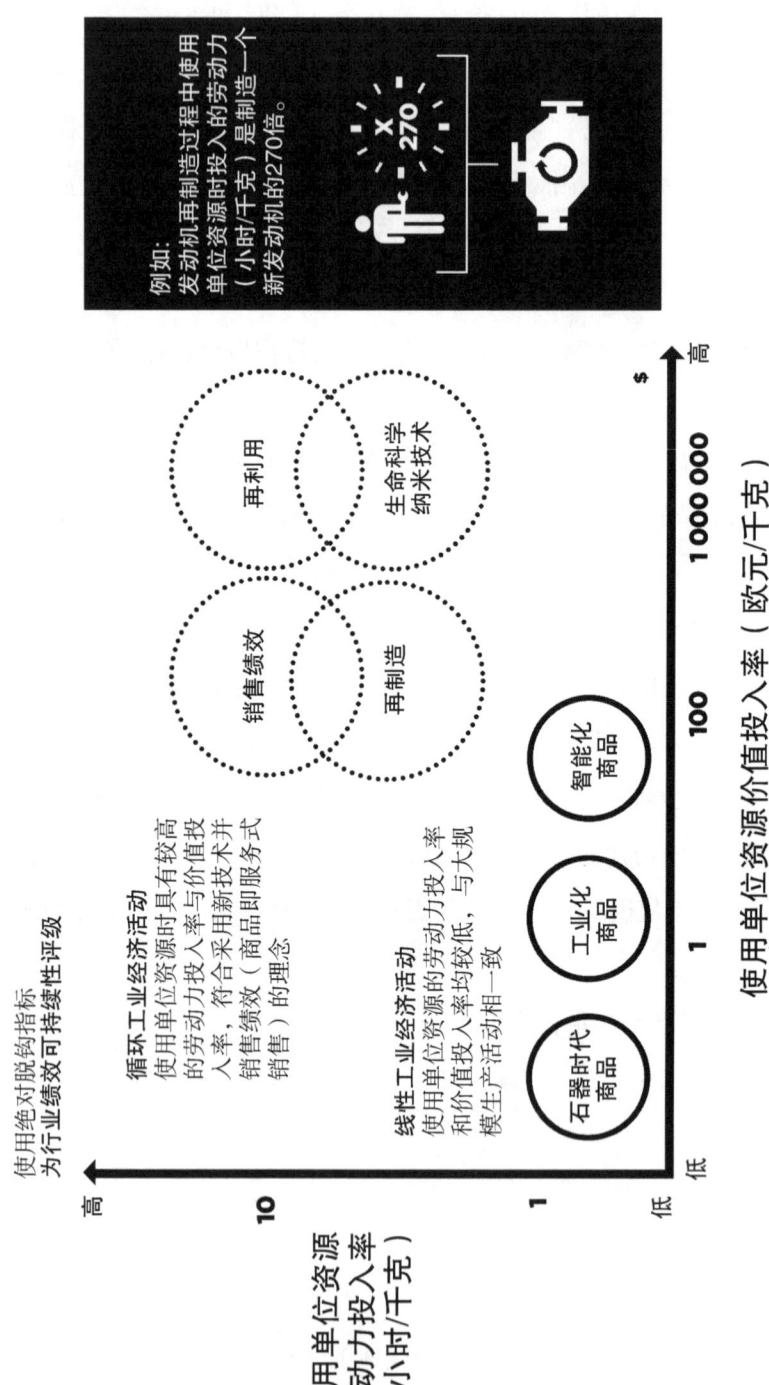

图 7.4 绝对脱钩指标令线性工业经济与循环工业经济的差异得以显现

的过程中将出现两种经济体系的竞争,例如全球化的生产与去中心化的智能服务之间的竞争。在成熟的循环工业经济中,生产将成为其组分之一(见第3章图3.3);同时至关重要的是,政府从一开始就要表达出以成熟循环工业经济为愿景,并表现出追随公认趋势(如有机农业、去中心化智能和零废弃物等)的与时俱进态度,在过渡阶段中这些政策愿景将削弱个人、企业对循环工业经济所持反对意见。

存在诸多策略选项可供选择:

- 通过教育和信息发布来传播循环工业经济提供机遇的知识;
- 通过公共采购政策引领潮流,以加快和扩大向循环工业经济转变的速度和规模;
- 不再对包括劳动力在内的可再生资源征税,改而对不可再生的原始资源征税,这将激励每个人保存自身资产,而非将资产进行替换,其原因很简单,比起买新的,维修更便宜;
- 在财务上制定较长的折旧期,实现完全折旧,这将激励许多企业延长其拥有的广义工具的使用寿命,从而在不需要自上而下治理机制的情况下创造就业机会,防止废弃物产生,推动创新进入技术升级领域,并促进区域经济发展。

经济系统向循环工业经济的转型将产生大量经济利益,包括大幅减少温室气体排放,为当地创造需要熟练工的就业机会——同时涵盖"银匠"式精细手工业者和体力工作者——从而实现区域性再工业化,以及保存该地区的文化资本和技术遗产。

为了量化、记录并出售这些经济收益,各国政府需要采用全新的报告工具例如绝对脱钩指标,关于自然资本、人力资本、文化资产、人造资本和金融资产或资本的国家财富增长报告,以及修正现有的资产或资本模型如投入/产出模型(Wijkman and Skanberg,2016)。世界银行已经开始为某些国家定期发布其国家财富变化报告(World Bank Group,2018)。

对于其他特定主题,例如温室气体减排和资源保护等主题而言,量化、记录并出售向循环工业经济转型所得经济收益的方法,一般都是可行的。然而,为了掌握能够获取这些收益的财富,政策制定者将不得不采用较现有方式更为整体化(holistic)的方式去构建、交流政策。

假使要给政策的推广列出优先级,那我们应首先把目前的政策重点由寻求废弃物的最少化转向对资源的保护:

- (在"R"时代)选择再利用和延长物品使用寿命的政策项目,比如2015年欧盟循环经济一揽子计划所规定的项目;
- 开发纯净物料组分的收集和分选方法;
- (在"D"时代)开发在分子和原子层级回收物质的技术。

在"D"时代,需要针对快速流动的资金开发一种全新的政策方法来衡量其年度资源效率。应通过立法定义一种衡量方法来对可接受的资源存量最大年均价值损失比例进行量化,而非现在使用的年度最低回收率,原因有两个:

- 效率为50%的回收过程能够节省50%的物料存量;在连续的物料循环过程中,这意味着有50%的物料在第一个循环中留存了下来,在第二个循环中有25%的物料留存下来,在第三个循环中只留存了12.5%的物料——这就是作者所说的"反向复利原理"。
- 如果要回收的物品有10年的使用寿命如内燃机,这就意味着每年的物质存量损失为5%。但如果要回收的物品是种只有1个月使用寿命的饮料罐,那么尽管可以实现50%的回收率,但其全部物质存量只在6个月后便已完全消失。
- 因品质下降而导致的经济损失(以货币量计算)构成了国家可接受的每年最大价值损失量概念,这一损失量大大高于物质在数量上的损失(以吨数或个数计算)。只有前者能代表社会财富的变化。

这一政策变化将需要在"D"时代运用全新的方法和技术来应对。那么,谁应该为这些技术买单?这些技术首先要有利于环境保护,其次又应能提升国家的资源安全。遵循污染者付费原则,合乎逻辑的答案是:生产者。生产者责任延伸制政策将为制造商提供强有力的经济激励,令其改变对物料的选择;或者改变制造商对商业化物品(commercialising objects)的销售策略,保留其对产品的所有权,从而使其产品在使用后还能够被回收。

最近瑞典的一项研究得出了以下结论:

> 政策将在改善物料处理方面发挥核心作用。因此,第一步可能是重新审视现有政策。为开展二手物料生产和实现保持物料价值的目标,可以重新制订目前的物料回收指标。现有的"生产者责任"政策框架产生的激励机制较弱乃至根本不存在,但在一定程度上可以转变为针对个人而非集体的问责制,这种问责制将由产品标识和溯源新技术来支持。倘若没有生产者责任延伸制政策的出台,二手物料将继续面临一场数量不断激增的战斗。如今的竞争环境远非公平,因此还可能需要配合其他类型的政策措施,例如要求在新产品中使用回收物料(或回收的分子级物质)的政策。同时,国际合作会变得至关重要。因为大多数产品和物料都是国际大宗商品,在欧盟层面,首要环节是制定必要的协调政策(如2015年欧盟委员会制定了循环经济一揽子计划,迈出了朝向循环经济转型的重要第一步,但迄今为止该计划的实施仍需额外的配套政策)。
>
> (Material Economics,2018)

第8章

绩效经济：
采用循环工业经济作为工业发展的首选项

绩效经济是在经济上有利可图，而在生态上和社会上都可行的经济模式，并且还会引发创新，但若没有关爱也就不会有共享。通过出租或租赁产品和分子层级的物质以及完善的逆向物流循环，人造物料和物品的生产者可以发挥推动绩效经济的主导作用。在经济优化过程中引入"时间"因素，会在物品的使用过程中开辟新的机遇。购买产品性能的公共采购机构可以成为创新型循环工业经济初创企业的启动者。

8.1 商业模式

循环经济的核心是你，大批量物品的管理者。

• 如果你在尽可能长的时间内对物品进行适当的维护并将其作为服务出售，那么你就会成为推动绩效经济的一部分。

• 如果你在闲置的设备和二手物品使用寿命结束时能够重新销售这些物品，或者拆卸这些物品并出售使用过但未损坏的组件，那么你就参与了循环工业经济。同样，如果你将损坏的物品组件出售给其他人使其获得修复，或者将其复原成物质原子和分子，那么你也参与了循环工业经济。

绩效经济活动中销售的不是物品而是其使用效果(sells results instead of objects)。绩效经济的参与主体可以是耐用物品的制造商或经营这些物品的机群管理者。在这两种情况下，两类经济行为主体都在尽可能长的时间内将这些物品的使用功能作为一种服务进行出售，并通过探索同时提升效率和自给丰裕度(sufficiency)的解决方案来实现利润最大化。与循环工业经济相比，绩效经济的应用范围更广，它还包括化学品和药品等一次性产品。

将商品和物质分子作为一种服务、功能保证或者效果和性能来销售，这就是绩效经济(图8.1)，绩效经济模式是循环工业经济中最值得信赖的商业模式，因为这种模式通过将产品责任、风险和废弃物处置的成本内部化，为制造商提供了强大的经济激励来防止经济损失和废弃物的产生。它通过充分利用自给自足、高效且系统性的解决方案来最大限度地挖掘盈利潜力。此外，通过保持对物品和实体资源的所有权，绩效经济以较低成本保障了企业和国家的长期资源安全。

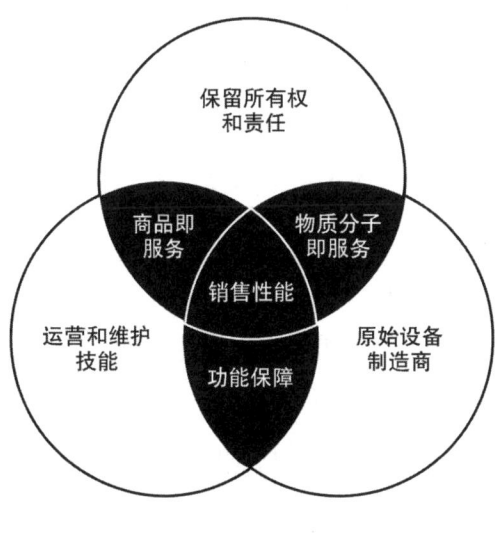

 绩效经济的商业模式

绩效经济(PE)模式下，除了整合"R"时代和"D"时代的循环工业经济(CIE)之外，其经济行为主体保留了商品的所有权。

由于PE中的经济行为主体保留了商品所有权，这意味着它们保留了承担风险和废弃物处理成本的责任，从而使PE成为CIE最具可持续性的策略。

由于PE模式下销售性能可以挖掘有效的、自给自足和系统性解决方案，因此，PE有潜力成为最有利可图的CIE策略。

图 8.1 销售性能而非产品：赋予原始设备制造商保留技术所有权的运维技能

8.2 决策者

绩效经济重新定义了供给方的角色，但这也意味着需求方发生了相应的根本性改变，即同物品之间从所有者关系(owner-ship)转变为使用者关系

(user-ship)。这种文化属性的转变真的算新鲜事吗？亚里士多德（Aristotle）早在2000多年前就已经说过，真正的财富并非对商品的拥有，而在于对商品的使用。

在整个20世纪以及迄今为止的21世纪大部分时间里，工业化国家中占据主导地位的经济模式日益转向个人掌握对商品的所有权和处置权，并且满心希望拥有下一个明日之星级伟大产品（the next big thing）的模式。然而，近年来我们看到一种偏离该经济模式的趋势，即转而以"对物品和服务使用机会的向往"（the desirability of access to goods and services）为中心的模式。在过去10年中，许多年轻人已经不再渴望拥有驾驶执照和汽车，部分原因是他们顾虑购置成本以及在今日拥挤道路上产生的责任风险。他们也没钱购买房地产，但对大多数人来说拥有最新一代智能手机则是一种首要刚需，廉价的通信服务使后者总是可以负担得起的，但其中关乎健康和隐私方面的潜在风险却被忽视了。

在短租经济（rental economy）中，用户不需要资本来获取商品的使用机会[1]，但他们也不会从资本收益中获利。对于个人来说，拥有商品是有经济意义的，因为商品的价值会随着时间的推移而增加；拥有房产也是合理的，但拥有智能手机或洗衣机就不合理了。通过租借物品，用户对产品的使用就变得更具灵活性，他们提前知道使用产品的成本并且只在使用该产品时付费即可。无法停下对时尚和永恒变化追求的人完全可以按照自己的喜好去选择物品来生活，他们只要每个周末从管理这些物品存量（或设备机群）的经济行为主体那里租来与众不同的一辆时尚跑车、一件时装或一个坤包，就能过上自己喜好的生活而不需要斥资购买这些物品，因而不会造成他们在生活中的过度浪费。

机群管理者更喜欢高质量和低维护成本的物品，他们更关注物品的功能而不是短暂的时尚。他们还拥有优化经营物品存量以及最小化物品维护成本的知识，例如，将物品组件和技术系统以及物品的梯级利用进行标准化的知识。施乐(Xerox)公司很早就实施了设备的通用原则，即在其设备使用范围内指定了相同的通用组件。空中客车(Airbus)公司从一开始就为其所有飞机引入了标准化的飞行甲板，节省了航空公司在机组人员的培训以及后备机组人员和零部件管理上花费的运维成本。

纺织品租赁公司目前出租制服、酒店布草和医用无菌布草；在织物和服装的使用超过3年后他们才会开始盈利。因此，他们回避时尚潮流，并使用易于清洁和维护的高质量可修复织物。由于他们的运营在地理上受到运输成本的限制，并且了解客户的需求是至关重要的，因此他们采取区域特许经营而非集中化经营的方式。房地产业主通常相当于房产寿命保险公司或家族信托公司，因为他们对稳定的收入流、长期保值以及低运营维护成本感兴趣。他们可以通过采用高质量的原材料和物品以及符合当地习俗和地域条件的方式，来实现房产保值与低成本维护。

对于负责建设或运营复杂基础设施(如机场或桥梁)的设施管理者来说，还需要详细的运营和维护知识。2001年，法国公司埃法日(Eiffage)集团签署了一份为期78年的合同，将在米洛(Millau)市附近设计、融资、建造并运营一座高架桥，整个项目建设时间直到2079年，而维护合同一直持续到2121年。该项目是私人主动融资(PFI)*类项目之一；建造这座桥，没有花费法国纳税人一分钱，但所有过桥的车辆都必须支付通行费(由于桥面距离谷底达200米以上，为防止自杀，不允许步行者过桥)。造桥的风险由埃法日集团承担，利润也归其所有。至少在合同签署后的78年中，埃法日集团能明确知晓自身的盈亏到底是多少。虽然纯粹的风险(如发生人身、财产事故)可以投保，但创业风险(如管理失误造成的风险)不能保险，因此风险管理成为企业实施绩效经济的一种关键能力。

绩效经济中的创新来自生产商关注重点的转移，即从关注优化生产转移到关注优化物品和物质分子的利用率，以及将时间因素纳入后一种

---

* Private Finance Initiative.

优化过程(如第105页本章8.5节的图8.5所示)。分析物品的使用功能或效用开辟了新的机遇,例如延长商品寿命,创新服务策略,提供系统性解决方案和多功能商品。随着技术数字化进程的发展,后者(多功能商品)如打印、复印、扫描及传真一体机已变为普通商品。这些机遇对于销售物品的制造商来说无利可图,但对将商品作为服务出售的经济行为主体来说却正相反。这样的例子有很多:

• 作为服务销售的专享商品例子包括:出租的公寓、广义工具商品和可租赁的车辆,还有公共图书馆的书籍、公共厕所、符合ISO标准的航运集装箱、可租赁的设备和可重复利用的包装。

• 作为服务销售的共享商品或系统的例子包括:所有类型的公共交通工具(公交车、火车、渡轮、飞机)以及公共游泳池、音乐会大厅和自助洗衣店。

• 企业与企业之间的例子包括:钢铁行业中陶瓷滑门服务、免维护原油泵、杜邦公司的功能性涂层服务、劳斯莱斯公司为燃气轮机和喷气发动机提供按小时供电、米其林公司为运输业界提供按英里计费的轮胎。"分子即服务"(molecules as a service)是一种化学品租赁合同服务(也称为"租用分子",rent a molecule),这类服务可以精确地计算在出租人环境和承租人环境之间流动的化学品产生的损失,这也是相关法律《有毒物质释放清单》(Toxic Release Inventories)所要求披露的信息。联合国工业发展组织(UNIDO)*推动将化学品租赁作为非洲地区的一项战略,以尽可能地减少工业欠发达地区的化学品污染和有毒包装废弃物。陶氏化学(Dow Chemical)公司通过其子公司Safe-Chem开展租赁溶剂业务也已有多年经验。

• 保证产品功能的一个例子是电梯的维护合同管理。垂直升降电梯和缆车一旦发生故障,具有灾难性的潜在风险。因此,国家安全立法规定强制电梯制造商提供电梯自动刹车系统和定期检查服务,以防止安全事故发生。

---

* United Nations Industrial Development Organization.

这些服务可以由制造商和当地的第三方专业服务供应商提供。

对于在使用过程中受到污染但未消耗的催化产品例如润滑油,采用一种整合性的"分子租赁"服务,能够使经济行为主体在不消耗资源的情况下创造收入(Stahel,2010,p87)。一项在2020年之后停止金属汞生产计划的国际协议可能引导未来金属汞的商业化闭环和采用租赁战略。

"分子租赁"的商业模式需要从根本上重新定义制造商、分销商和用户之间的合同义务。

将分子作为服务销售的策略不仅仅适用于具有催化功能或高毒性的化学品。金属租赁(metal leasing)作为矿区的政府和采矿公司的战略,是由两位科学家哈根(Andrew Hagan)和托斯特(Michael Tost)在2019年提出的(Hagan and Tost,2019)。出租分子而非出售矿石,固然会使采矿公司短期收入下降,却能保证其长期收入稳定。开发创新的智能材料将为材料公司提供同样的机遇。英国的确信集团(Cookson Group)开发了一种可以压制成任何形状的复合粉末,该粉末一旦被磁化,就会成为一种超强的永磁铁。易于成型和可按需磁化这两个特性,使这种粉末成为制造小型电机中的转子的理想材料。这种智能材料在使用后将其研磨回粉末状态时就会消磁,然后即可重新混合以供下次使用。为了完全获取这种具有连续生命周期的智能材料所带来的收益,确信集团将这种材料出租给零部件制造商,而后者必须保证在这种材料使用完后将其返还给确信集团。在这种情况下,销售性能的策略必须施加在从智能材料到零部件再到产品的所有层面上,以确保智能材料在最终产品寿命结束时能返回给其制造商(Stahel,2010,p109)。

在图8.2中总结了采取这类策略的商业模式所需要的条件,包括逆向物流循环:

- 将二手物品返还给制造商;
- 将二手的物质分子返还给材料生产商。

096 / 循环经济

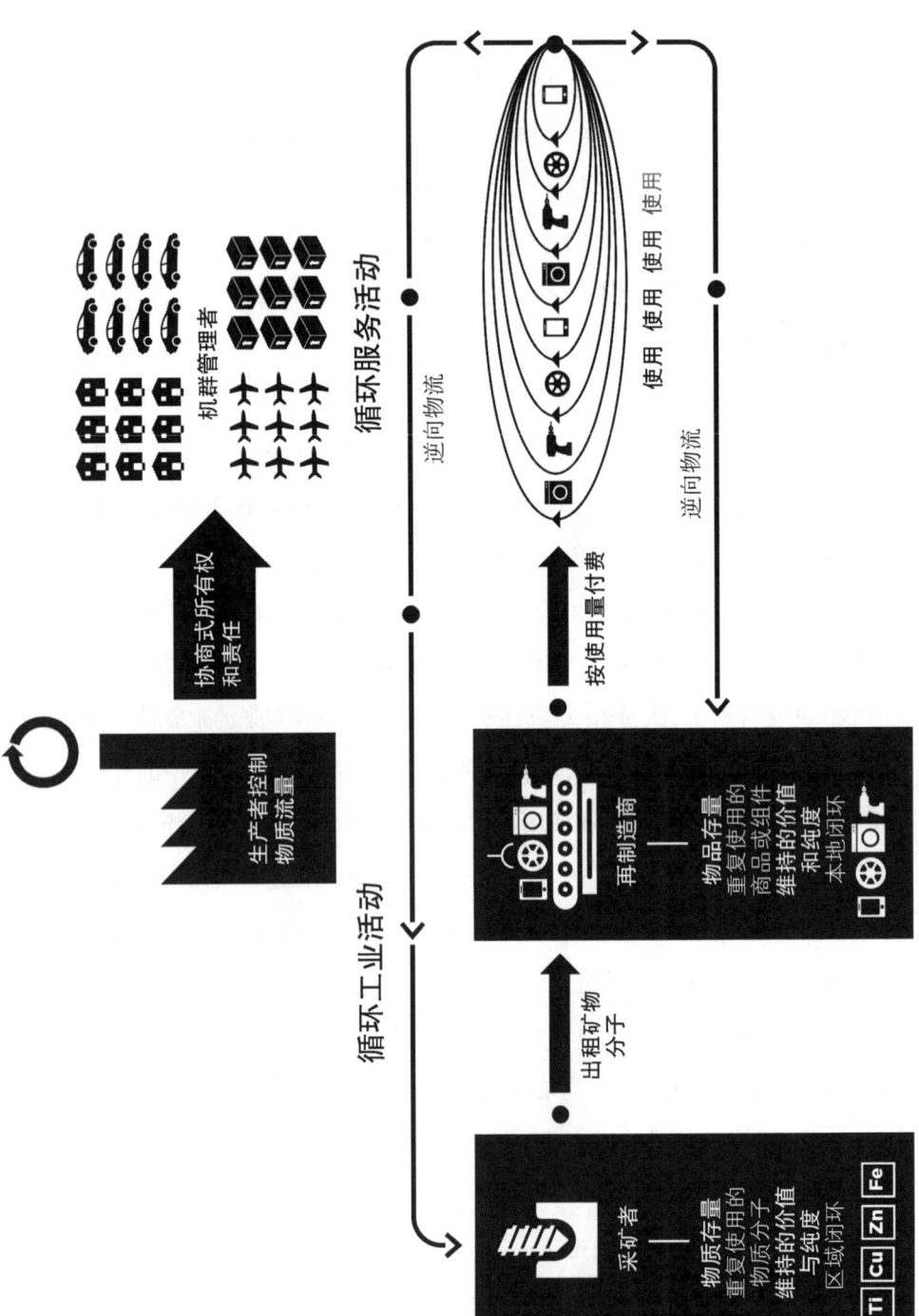

图 8.2 绩效经济商业模式

自20世纪90年代初以来,美国和欧洲的施乐分公司,以及日本的理光-施乐公司一直是这种策略组合的早期倡导者。他们将印刷设备以"按印刷页数付费"的方式租赁给使用者;设备的所有权和维修责任仍由施乐公司保留。二手印刷设备在其所在区域的工厂内可以进行再制造和技术升级;不能进行再制造或在新设备中重复使用的零部件材料将被送还给原始材料生产商,从而实现零废弃物运营(Harvard Business School,1994)。

在将商品作为服务出售时,经济行为主体保留商品的所有权和责任,而使用者必须对租赁物品表现出关爱且愿意承担托管职责的态度。所有者和使用者之间的责任边界各不相同;租一辆车从A地自驾到B地会令用户面临较高的责任风险,但相比乘坐公共汽车或飞机更具有灵活性。如果交通工具发生故障,这两种情况的责任都由其所有者承担。

销售性能的特点是用户每次使用都要支付预定价费用。如今,这种商业模式正被线性工业经济的经济行为主体广泛接受,同时也被越来越多的个人所接受。

公共采购机构通过采购性能成为创新型初创公司的启动者。美国国家航空航天局(NASA)决定采用火箭发射服务项目而非自身拥有和运营的硬件(航天飞机)来领导太空探索技术公司的基础设施建设;奥德赛月球(Odyssey Moon)公司和其他公司采用新型的硬件和系统性解决方案,例如可重复使用的火箭体并在其模块化系统中使用标准化组件,目前已经成功竞标太空运输合同项目。

8.3 绩效经济的特征

绩效经济是循环工业经济中最可持续的商业模式,因为销售性能从整体上提高了经济系统的可持续性,包括更高的利润或更低的成本,更少的资源消耗与更多的熟练劳动力投入:

- 与线性和循环工业经济相比,绩效经济商业模式之所以有利可图,是因为绩效经济利用了能够自给自足、高效且系统性的解决方案,使其交易成本与合规成本更低，而且不需要缴纳碳税或资源进口税。绩效经济模式的盈利能力可通过以下途径提升：

- 加强租赁物品的集约化使用。

- 以自给自足为卖点销售效果：如实施夜间耕作可防止90%的杂草发芽；在绿色农业葡萄园中用羊代替化学药剂来控制植被生长；将IT服务器集群*安装在北方高纬地区可以不使用空调，与安装在温带地区相比，可节约总能耗的一半。

- 按绩效付费：拜耳公司销售精准农业服务而非化学品；诺华（Novartis）公司和吉利德（Gilead）公司在美国和欧盟提供一种新型癌症疗法——嵌合抗原受体T细胞免疫疗法（CAR-T细胞疗法）**。这些经过基因修饰处理的细胞必须为每名患者单独定制，并在合格的诊所进行管理。如果CAR-T细胞疗法应用成功，诺华将对每位患者收取近50万美元的费用。如果该治疗部分或全部失败，这笔费用就会被退还给患者。

- 系统创新：采用GPS控制的自动驾驶车辆与智能光学元件可实现农业精准播种、除草、浇水和收割。

- 绩效经济模式对生态是有益的，因为绩效经济通过充分挖掘物品的本地化再利用与延长服务寿命的机遇，最大限度地减少了人们对消耗品、运输和包装的需要。

米其林按里程计算的轮胎使用专业化批量服务解决方案，与区域性的

---

* IT服务器运行时温度较高需要空调降温。

** Chimeric Antigen Receptor T-Cell Immunotherapy。CAR-T细胞疗法通过对患者自身的免疫细胞T淋巴细胞进行基因改造，从而使被改造过的T细胞能够精准对抗患者体内癌细胞，并通过免疫作用释放大量的多种效应因子，它们能高效地杀灭癌细胞，从而达到治疗恶性肿瘤的目的。目前该疗法主要针对恶性血液肿瘤，包括急性B淋巴细胞白血病、B细胞非霍奇金淋巴瘤和多发性骨髓瘤等。

轮胎再加工厂联合采用移动式修理车间来对客户所在地使用的轮胎进行修复与沟纹重刻。这些措施减少了客户对新轮胎的需求；本地化的修理服务活动也将日益取代全球性的轮胎生产厂。

• 绩效经济模式在社会上是可行的，因为绩效经济是劳动密集型经济，能将生产者和使用者的社会责任以及风险和废弃物处理成本实现内部化，而这些责任和成本在线性工业经济中通常是被外部化的，并由社会来承担。此外，绩效经济活动奖励有效托管而惩罚滥用，构建起用户的关爱态度。

绩效经济服务本质上是劳动和技术密集型的经济：为了保证物品的性能，必须定期对使用过的物品进行无损且保值的拆卸检查，这需要在拆卸的每一步进行定性判断；对拆卸部件的修复或再制造潜力进行关键性分析也是如此。

8.4 无关爱，不共享：将文化纳入经济博弈

共享和关爱是线性工业经济所缺乏的概念。因此，在线性工业经济环境中，除了自己的随身物外，人们通常很少有关爱物品的经验。但是，除了管理人造资产外，关爱是成功管理自然、文化和人力资本（如教育和卫生系统）的关键，这也是循环经济和循环社会的典型特征。

关爱是绩效经济中一种关键而必要的需求，它是物品共享使用的基础，无论是连续使用（酒店床位，出租车）还是联合使用（公共交通，体育中心）都需要关爱共享物品。设计具备故障自动保险（fail-safe）和防错（fool-proof）功能的物品则是一项新的挑战。这些设计议题已经在1992年德国乌尔姆（Ulm）市举办的主题为"以公共使用取代单独消费：与商品的新关系"的国际设计论坛上进行了讨论（IFG，1993）。

机群管理者可以通过技术策略，例如工业化设计使用寿命长、维护成本低的物品，或对物品进行预防性维护，从而加强管控，提升对使用物品的关爱度，例如雇佣专业的飞行员来驾驶飞机。

无论是"自由流通"（free float）的租赁公寓或租赁汽车，还是未来的自动

驾驶汽车,这些物品作为服务出售并由第三方经济行为主体使用,且不受机群管理者的管控,因此它们都属于截然不同的全新事物(a different kettle of fish)。如果这种不受专业管理者管控物品的使用是建立在信任、关爱和责任共担的基础上,那么这种"共享绩效经济"是可以成功的。例如,对于可租赁的耐用物品,其所有者保留对物品的所有权和责任,并预期用户将会承担起托管职责,像对待自己的财产一样对待该物品。用户则根据自身的使用期限和使用强度支付费用(图8.3),并且可以预期该物品能够安全使用。一旦发现存在用户滥用物品的情况,所有者可以将滥用者排除出允许共享使用的系统。

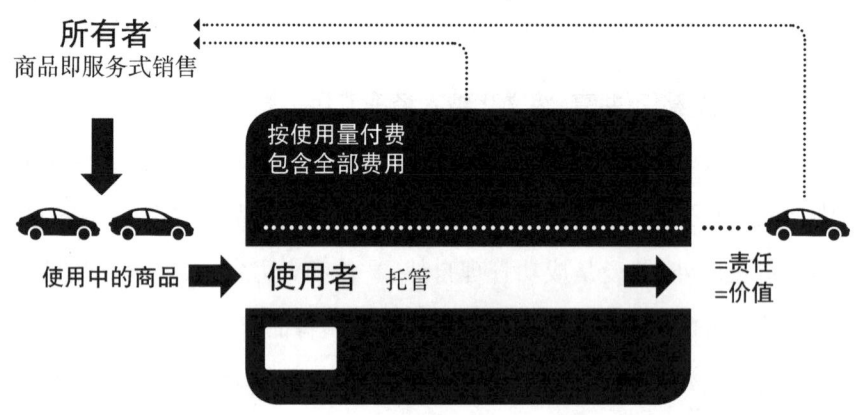

图 8.3 模拟"共享绩效经济"中的单一所有权和责任分担

在模拟式(analogue,即非数字化的)经济中,在另一个用户接管之前,租赁物品必须先返回给物品的所有方-机群管理者进行管控。这使得物品的损坏和不足之处(如清洁问题、空油箱问题)得到定期控制,并使明确的责任归属成为可能。"信任固然不错,但管控更胜一筹"(Trust is fine, but control is better),这是管理学和政治学中的一句古老格言。对机群管理者而言,不同用户之间的文化差异不会构成管理问题。

然而,在数字化的"共享绩效经济"中,责任变得不再那么简单明了

(Stahel，2016)。法国巴黎的Autolib公司在2018年放弃了结合电动汽车(维护成本低廉)的汽车租赁系统，配套的充电站以及具有电子预约系统的预留停车位。尽管绩效共享这一概念在技术上是合理的，但现实中它却在经济上失败了，原因是机群管理者缺乏控制力，同时用户缺乏对物品的关爱，存在故意破坏行为和政治上的争议。摩拜单车作为一家共享自行车公司向公众提供了实心橡胶轮自行车的租赁服务(不会瘪胎，因此无须修理)，这种自行车可以停在任何地方并自由使用(自由流通原则)。但由于用户的不规范使用行为，再加上车辆的所有者-机群管理者缺乏对自行车的管控，摩拜单车在全球的使用出现了混乱，在某些城市(如苏黎世、新加坡以及中国的一些城市)中被禁止运营。与之相比，在英国牛津这个由学术和关爱的传统美德主导的城市，几种不同类型的自行车租赁系统(包括摩拜单车在内)都能够和谐共存、蓬勃发展。

以上是由绩效经济参与主体开发的创新系统解决方案的例子，这些解决方案试图将模拟式技术嫁接到物联网提供的机遇上。但与模拟式"共享绩效经济"相反，这些示例中经济行为主体依赖于开发由物品用户信息构建的大数据集合(the BIG DATA)作为收入来源，而非物品的租金收入本身。但是，物联网并不能阻止由于使用者的人文关怀缺失所导致的经济失败，因为旧的经济范式——"如果某样东西是免费的，它就毫无价值(且将被滥用)"可能永远伴随着我们。

在数字化的"共享绩效经济"中，在作为双重身份的生产-使用者(你)和机群管理者(物品的所有者，同时也是跟踪记录你行为的IT系统所有者)之间的所有权、收入、责任和义务都是界线模糊的。经济活动的中心不再是物品本身，而是由用户信息构建的大数据，以及因数据保护和数据滥用而产生的问题(图8.4)。

政策制定者将不得不着手解决物联网中的著作权和知识产权问题。用户是其信息所构建数据的生产者和合法所有者，类似音乐之于作曲家或

图8.4 数字化"共享绩效经济"中复杂的所有权与责任

文学作品之于作家。托夫勒定义了线性工业经济中的生产消费者(prosumer),又称生产者-消费者(producer-consumer;Toffler,1980)[2]。在绩效经济中,生产使用者(pro-user)或生产者-使用者(producer-user)的身份和权利问题要复杂得多,仍然需要由政策制定者给予明确的定义和保护。

在使用公共土地的自由租赁物品(如共享自行车)时,公共机构作为城市公共资源(如道路及其邻近地区)的所有者,也需要定义其使用规则和成本。

经济的数字化、自动驾驶商品和物联网服务都需要以明确的法律准则作为指导方针。对于所有者-使用者购买并接入物联网的物品,无论它是智能手机抑或约翰迪尔拖拉机,其所有权-责任问题都是边界模糊的。在使用智能车辆的时候,驾驶员是否仍应对交通事故负责?车辆的所有权可以在硬件[由车辆的生产者和(或)所有者出售]和软件[由驱动车辆的算法生产者和(或)所有者出售]之间分割,而智能商品的责任和财产属于谁呢?是商品的软件生产者-所有者[3]?商品硬件的所有者?还是商品的使用者?

在"共享社会"中,即使物品不存在明确的所有者,"无关爱,不共享"的原则也同样适用,大气、海洋、生物多样性等全球共享的公共资源就是一些很好的例子。在物品所有者缺失的情况下,远离关爱的共享会导致对物品的滥用和过度开发,却没有相应的惩罚,最终导致公地悲剧。在关系紧密的社区(closely knit communities)中,社会羞辱*可能是一种惩罚形式,会将毫无关爱之心的人排斥在共享系统之外乃至停止其作为社区一份子的资格(Stahel,1997)。

8.5 绩效经济的基础:"时间"因素

大自然提供了一项无尽的恩赐,那就是有机物的循环性,在自然界中此之废弃物会变成彼之食物。但这种原则在本质上对线性工业经济和循环工业经济中的人造物品和物质并不适用;在后者的系统中,需要人类协调一致

---

* 类似社交媒体上的"社会性死亡"概念。

的动机和决心，以物品和物质的最高价值水平来闭合其物理循环。

1800年左右，在第一批蒸汽机和炸药工厂发生爆炸事故之后，为了降低未来的灾难事件可能性，风险管理诞生了；杜邦粉末的生产商杜邦（DuPont de Nemours）公司迄今仍是风险管理领域的先驱。欧洲的现代化全面风险管理思想始于1974年英国弗利克斯伯勒（Flixborough）的灾难，当时林肯郡（Lincolnshire）特伦特（Trent）河沿岸的一家化工厂发生巨大爆炸，随后导致当地28人死亡，53人受伤，核电站旁的小镇被毁。

风险管理的目标是对机遇和损失进行权衡。线性工业经济是一种在技术上基于系统优化的技术和风险管理体系，以此提高生产过程中的工程效率——见图8.5左侧的工程—效率垂直平面。

损失预防作为风险管理的关键目标，也与循环工业经济以及保持人造物品和物质分子存量的价值和效用目标高度相关。在图8.5中，将"时间"作为可持续管理的因素添加到工业经济的技术系统优化中，产生了3个方面的影响：

- 绩效经济被视为一类三维优化性质的问题；
- 在传统的技术—经济优化过程中增加了效用优化（utilisation optimisation）和责任优化（liability optimisation）这两个层面；
- 重新定义作为绩效经济基础的"质量"概念：将销售性能作为三重优化的合成矢量。

时间给经济带来了不确定性：我们无法预测未来，但我们可以预测到防止经济、人力和资源的损失将成为经济行为主体的创业挑战，绝非仅限于降低声誉方面的风险，还是重新定义"长期质量"的一部分。

由于防止废弃物的产生也是在防止经济损失，于是经济和生态在具备长远视野的可持续发展商业模式中相遇了！故而"零废弃物"方案也是一种商业战略，因为灾难性损失事件如施韦泽赫尔大火事件，会导致公司声誉的重大损失（见第2章2.2节）。

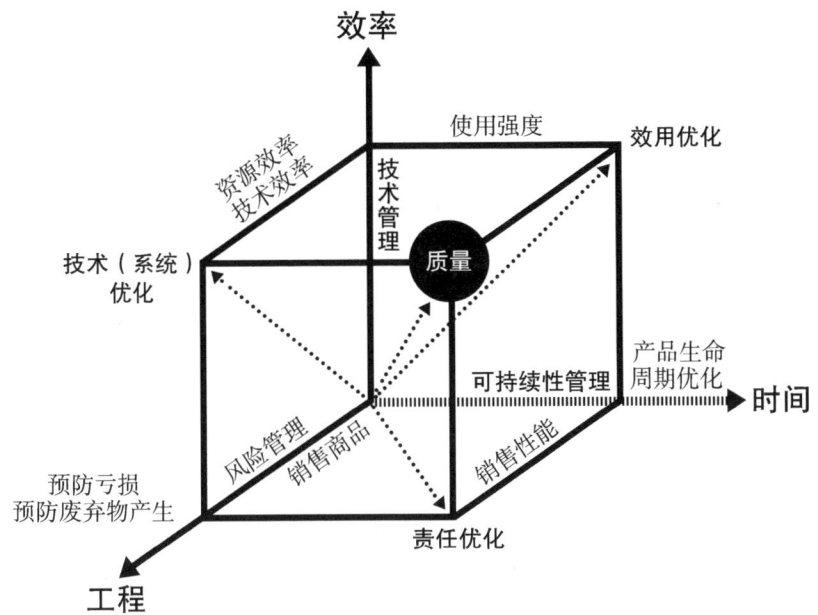

> 绩效思维必须将**时间**这个新因素作为不确定性引入经济系统。那么,对于经济行为主体来说,防止经济和资源的损失就成为企业的一项挑战,也成为物品和系统质量新定义的一部分。

图 8.5 "时间"因素:将可持续性管理引入经济系统

8.6 不确定性、风险的不经济性与规模经济、弹性

在预防损失的活动中,时间和不确定性问题紧密相关:如果火灾不存在,预防将比什么都不做的成本更高。这就是为什么经济学家经常质疑预防措施的生产力何在,因为在灾难发生之前这是无法估计的。但从长远来看,做好预防措施总是有益的(Giarini and Stahel,1989)。

循环工业经济是开放式的,线性工业经济则以销售节点为终点。任何一种危害所带来的不确定性和风险损失都会随着时间的推移而增加,因此,

对循环工业经济而言，风险认识的重要性会得到提升。

风险的不经济性与线性工业经济的规模性可谓如影随形，但传统的经济优化却根本没有将前者纳入考虑。规模经济所具有的增量效益会随着规模的扩大而边际递减，而灾难性风险的可能性却随规模的扩大呈指数级增长。某制造商是在一家还是两家工厂进行商品生产，这对单位生产成本变化的影响很小。但当灾难性事故发生时，他在第一种情况下（只有一家工厂生产商品）会失去100%的生产能力；在第二种情况下（分给两家工厂生产商品）只会损失50%的生产能力。因此，可以肯定地说，循环工业经济固有的去中心化智能生产模式也是一种有效的损失预防策略。

在绩效经济模式中对使用的物品进行预防性维护是要求为预防措施支付费用的另一个例子。如果经济主体只因提供物品效果而获得报酬并且必须保证物品的功能或性能，那么预防性维护就应得到报酬，因为它降低了故障的风险。例如，当电力供应成为至关重要的服务时，比如为医院手术室中的计算机或者用于监视和通信活动的计算机供电，那么强化电力供应的冗余性（redundancy）和弹性（resilience）策略就变得极有必要。

冗余性是指让备用的设备处于待机模式；弹性是指让系统能够快速恢复到正常水平的设计。建设"弹性城市"是洛克菲勒基金会倡导的社会可持续发展的一项重大举措。该基金会的100个弹性城市项目帮助世界各地的城市提高抗风险能力，以应对21世纪日益增长的物质、社会和经济挑战[4]。因此，城市内在的弹性和冗余性是社会可持续发展的支柱，并将由绩效经济的发展而获得提升。

将商品和物质分子作为服务来销售的绩效经济模式是最可持续的商业模式，处于循环工业经济的核心地位。这是因为：

- 它将产品责任、风险和废弃物处置的成本内部化；
- 它节约了交易成本和制度合规成本；
- 它通过开发自给自足且系统性的解决方案为企业提供了获利的机遇，

同时提高了自身的生产效率；

- 它为企业和国家的资源安全做出了贡献。

> 如果生产者保留对商品的所有权，那么今天的商品就会按其以往的商品价格成为明天的资源，并且通过作为未来的资源保障从而提高社会的弹性。

第 9 章

以突破性创新增强存量管理

在物品和物质的存量管理中,突破性创新(radical innovation)是现有系统升级和技术进步的组成部分。通过技术升级或时尚升级,物品的创新组件可以被集成到现存物品中;而技术跃迁则将推动现存物品逐渐实现新旧替换和不断升级,以使物品能在其他地方进行再利用,或者将物品拆卸以回收其组件或物质分子。回收崭新物质分子,以及按纯净如新(purity-as-new)等级的纯度回收分子的技术,需要在科技和研发领域进行前期投资。

9.1 循环工业经济中的创新驱动因素

在成熟的循环工业经济中(图9.1),生产成为循环工业经济回路的环节之一,其任务是生产创新的组件和物品,以对存量物品进行更新换代。在建筑和机电领域,技术升级往往涉及的是单一组件的升级,因为这些组件可以被具有相同功能的新技术组件所取代。

突破性的技术创新通常不会仅仅依赖单一学科或单个工业部门。认识到尚待唤醒的"睡美人创新"(sleeping innovation)*的潜力,将有助于加速其市

---

* 睡美人创新指被专利唤醒的睡美人文献。睡美人文献(sleeping beauty in science)指一篇重要科学论文在发表后多年呈零被引或低被引状态,然后突然被其他论文(因为是唤醒睡美人者,故被称作王子文献)引用而成为高被引论文。睡美人文献的引文曲线呈右偏分布,科学史上的经典案例是孟德尔定律的重新发现。参见:冷雪.睡美人创新研究在科学、技术及创新政策制定中的应用[J].情报杂志,2019,2(38):43.

场应用推广,而这个认识的选择过程面向学术界、工业界、政府部门和其他创新者开放。

如果制造商为防止陷入资本困境,拒绝显而易见的技术跃进而倾向于采用渐进式技术创新,那么突如其来的巨变就会如事先编程般注定会发生。最近的一个例子就是面对特斯拉公司挑战的全球汽车工业。对循环工业经济来说,技术跃进会首先影响现存物品的价值和效用,因此,这对"R"时代的经济主体来说是一种危害。其次,技术跃进将导致废旧物料在"D"时代大量涌现。但这种存量变化是可预知的,与更具冲击性的制造业通量(manufac-

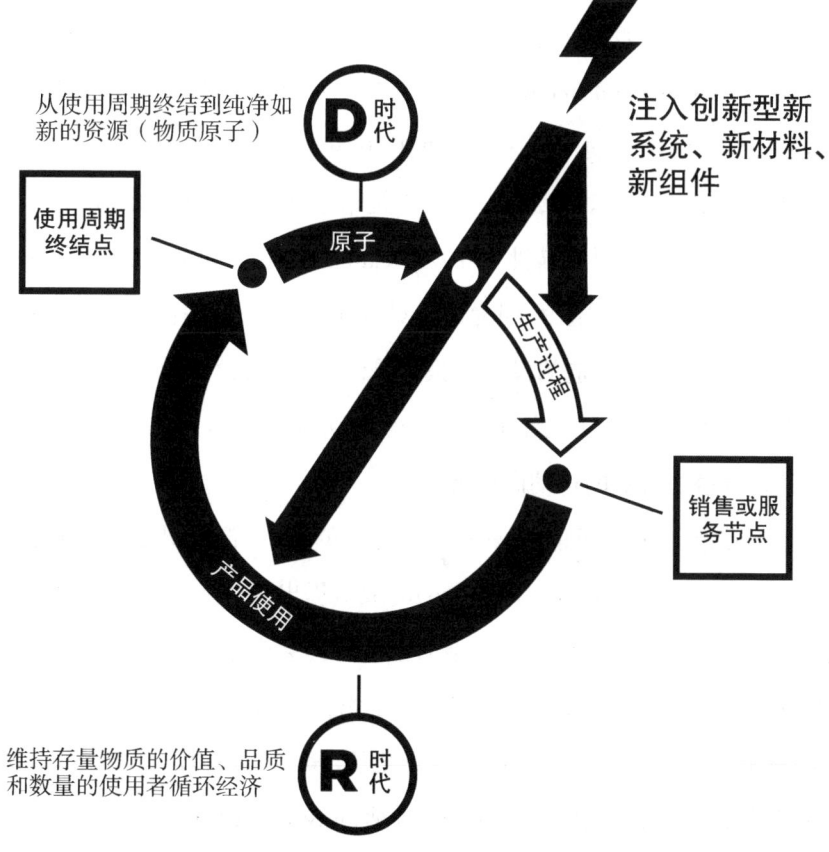

图9.1 物料、组件和系统层面的突破式创新

turer flows)相比,废旧物品和物质的存量变化较慢且更为平缓。

推进循环工业经济发展的一项关键驱动因素一直是经济因素,即将延长物品使用寿命所需的成本与具有类似功能的全新物品的价格来进行比较。降低维修成本和备件成本(通过 3D 打印)的创新将推动"R"时代的到来。商品价格和劳动力成本的高波动性既可能是"R"和"D"时代的驱动因素,也可能成为其障碍;胸怀未来愿景的政策制定者可以通过税收等方式直接影响这两个因素。

相比之下,科学并不会直接导致变化的产生。1973 年,罗马俱乐部发表了关于"增长的极限"的研究报告,从此资源安全成为一门全球显学。虽然资源安全学的受众广泛,但它却并未影响到商品价格。数年后循环工业经济的概念出现(Stahel and Reday-Mulvey, 1976),尽管这一概念为人们所感知到的威胁提供了解决方案,但在一段时间内并没有拥护者。

创新作为变革的推动力,并非仅限于技术层面。经济和金融研究也可以推动创新变革,但针对突破性变革(radical changes,如向循环工业经济的转型)的研究遇到了极大阻力,因为这将对目前的学术智慧提出质疑。再制造商都知道,内燃机再制造的投资回报率是制造同类新产品的 5 倍,然而学术界对此却并不感兴趣。因此,将循环经济相关知识应用于其他部门,研究其对经济福祉潜在影响的行动尚未展开。

行业的系统性创新可能是一个重大的变革动因,但其进展速度很慢。1992 年,十倍级俱乐部(Factor Ten Club)的成员提出并分析了工业化国家资源消耗减少 90%(即十倍级缩减)时会对经济和社会产生的影响。关于这项研究的著作成功出版,但被认为是艰深的学术作品(Weizsäcker et al., 1995; Hawken et al., 1999)[1]。到了 2017 年,"十倍级"概念正式提出 25 年之后,这一理念已被世界可持续发展工商理事会采纳(WBCSD, 2018)[*]。

---

[*] the World Business Council of Sustainable Development.

9.2 "R"时代的创新

在各类必需品稀缺的循环经济中,占据主导地位的是人们努力保持物品效用的活动;创新通常来自工匠,他们希望从"废弃物"中生产出新的产品,将废旧物品转化为新物品,例如将钢制鼓变成厨房用具(Papanek,1971)。

在资源丰富的社会中,循环工业经济旨在通过开发成本更低的"R"技术或新组件来实现物品的技术或时尚升级,以保持物品的价值和效用。

如果用户能够发出自己的声音并被生产者听到,他们就有可能成为推动朝向循环工业经济的转型变革的主要推手。2014年的一项调查发现,77%的欧盟公民愿意优先选择修理自己手上的产品,胜于购买新产品,他们认为产品维修服务的高成本和低可得性是购买新产品的主要障碍。2018年,在德国、意大利和英国征集到了近20万签名的请愿书,要求消费者购买更易于维修且耐用的产品。

出于经济原因,绩效经济中的机群管理者一般来说是关键的技术创新者之一。为了最大限度地降低物品存量的运营和维护成本,或最大限度地提高"商品即服务"式销售的利润,开发低维护成本且不需要备件(spareless)的维修和再制造创新方法,已成为机群管理者在管理过程中的极大挑战。在20世纪70年代,美国空军开发了一种扩散焊接技术,可以在不需要备件的情况下修理喷气发动机叶片,还开发了拆分"报废"飞机以回收部件作为廉价备件的方法。

当汽车制造商劳斯莱斯公司开始以"按小时计费"方式销售发动机功率时,他们开发了一款可以监控车辆行驶期间发动机状况和性能的系统。这款系统使他们能以更低的成本提供发动机"外场"(on-wing)维修服务,在保持发动机运行的情况下未雨绸缪地发现并解决各类维护问题,从而使公司收益最大化。这些方法能够防止废弃物的产生,最大限度地利用资源,而且劳斯莱斯公司通过使企业目标与其客户目标相一致,为客户提供了额外的商业利益;但采用这些方法就需要在服务中配置更多的高素质人才,所以基于这些方法构建任何的一揽子财务节约项目时都应当将这一配置需求考虑进去。

在老爷车的维护过程中,需要定期调校维护的机械分电器可以被免维护的电子分电器所取代。但是,善于掌握利用类似机会的能力无法在学校里传授得到,这需要有经验的经济主体,既了解车辆的新技术,又了解现有车辆的存量现状,这样的经济主体是很少见的。

政策制定者可以通过拉动创新、建立公共采购市场来推动技术应用的跃进。基于可持续未来的愿景,政策制定者可以激励经济朝着理想的方向发展。我们已经见证了挪威政府决定将经济发展导向零碳经济(zero-carbon economy)。因此,一家挪威航运公司在2018年向工业界宣布一项由氢燃料电池驱动的零排放快速海岸船竞标项目。Boreal and Wärtsilä 船舶设计公司接受了这项投标挑战,承诺开发氢动力渡轮,尽管该项技术目前实际上并不存在。由此,全球渡轮类船舶中将出现第一艘氢能船(Ferry shipping news,2018),为在近岸航运中放弃船用柴油发动机的进程打开了大门。

现在再去将机械式打字机改造为个人计算机(PC)已经没有什么意义了。但是,通过在机械自行车上适配安装集成了轮子的微型电动马达然后加上电池,把它升级成电动自行车,或者将20世纪60年代的E型捷豹跑车改装成电动汽车,这些行动既是可能的也是可行的。英国的哈里王子和梅根在婚礼后开着辆改装的电动E型捷豹跑车离场,这条新闻当时上了头条。

创新改变市场。当具有长寿与低维护成本组件的物品比如电动机取代了需要变速箱且维护频繁的内燃机时,线性工业经济的经济主体就进入了绩效经济模式。由于长寿且维护成本低廉的组件能够延长物品的整体使用寿命,制造商就会开始去抓住机遇,将商品作为服务来出售,以便保持其市场控制地位。

在IT领域,初期的硬件和软件可以分别升级:硬件项目经常被更强大和(或)更节能的新组件所取代;而软件则定期升级,通常是以在线升级方式,使计算机系统更具弹性。新的外部硬件如打印机和硬盘大多与已有的PC等设备兼容,因此,所有者-使用者可以在很长时间内将PC作为与时俱进的独立系统令其保持原状。

物品的所有权和控制权仍然归属持有硬件和软件许可证的所有者。对于行车记录仪和便携式GPS等这样的独立系统来说,情况至今依然如此。但是,如果软件的源代码被制造商保留,大多数物品的连接系统都无法再由物品所有者甚至维修专家来进行维修或升级。物联网改变了线性工业经济的原则,即物品的所有权、责任和控制权在销售节点从卖方转移到买方。物品的所有权和维修权等非技术问题可能会成为"R"时代政策制度创新的核心问题。

9.3 "D"时代的创新

这是循环工业经济中最具技术创新和研究潜力的领域。一旦"R"时代中再利用与延长物品使用寿命的选择方案已经用尽,就有必要以最高效用和最高价值(或纯度)水平回收物质原子和分子的存量以供再利用。

这需要开发创新的分选技术和工艺将混合的废弃物(生活垃圾)分离成洁净(clean)的材料组分,将使用过的物品分解成洁净的单独材料组分(例如,分解出同一种金属的不同合金),最后需要技术来回收与原始资源同等纯净(as pure as virgin resources)的材料分子和原子。

对物质原子和分子再利用的研究也为基础科学开辟了新的领域,例如开发可重复使用的人造物料(见第8章8.2节英国确信集团的案例)。诸如此类的问题还有:"人为排放的CO_2能否成为生产新化学品的资源?这种新型含碳化工品能否与石油化工业产品相竞争?"这些问题可以通过科学研究得到答案。使用碳捕获与储存(CCS)*技术和碳捕获利用(CCU)**技术来生产氢是挪威的另一项研究课题。

---

* Carbon Capture and Storage.

** Carbon Capture for Utilisation.

对物质的原子和分子进行存量回收,以便在最高价值和最高纯度水平下实现其重复使用,这是"D"时代的目标。但是,回收的物质分子将与来自原始材料的物质分子相互竞争。由于大宗商品的价格波动性很大,而应用于商品的新技术研发的投资费用是固定的,且新技术的投资回报期很长,于是就出现了一个问题:如何为"D"时代的新技术研究融资?

对工业物料进行分选已经成为经济方面的一个新问题,这个问题在采矿业中是不存在的。创新型经济行为主体在"D"时代应占据主导地位,政府可以通过创造适当的政策框架条件来支持这些活动,例如奖励用于回收物质原子和分子的技术专利解决方案。这将是一个面向国际竞争的开放竞技场,可能会出现赢家通吃的现象。相关的机遇包括:

• 分解分子,如降解聚合物,分解金属合金,将碳纤维和玻璃纤维亚层进行脱层,将废旧轮胎脱硫以回收其中的橡胶和钢,去除物品表面的涂层。

生产渔业设备的挪威Plasto公司已经开始回收高密度聚乙烯(HDPE)材料制成的使用寿命到期物品,从而对该材料进行再加工以用于生产新的设备。

• 拆除高层建筑和重大的基础设施。西班牙已经开始拆除耶克拉(Yecla)市的叶尔特斯大坝(Yeltes dam),这是欧洲有史以来最大的拆除工程;而德国在推出"绿色改革"(green change)后面临着拆除核电站的问题。

在找不到处理废旧物料的技术解决方案时,线性工业经济的生产者就要面临从源头上寻找替代性物料的压力,例如采用可自我降解的聚合物或改变他们的商业模式。因此,在进行基础科学和技术创新的"R"和"D"时代,循环工业经济提供了大量机遇来促进商业模式和生产流程的突破性创新。

9.4 政策制定者在创新过程中的角色

自20世纪90年代以来,以环境为目标的技术经济研究在全生命周期分析(LCA)*等研究领域蓬勃发展,但研究范围局限于"从摇篮到坟墓"(Cradle-

---

* Life-Cycle Analysis.

to-Grave，ISO 14044:2006）等有限范围。跨越数个使用寿命周期的研究，比如与十倍级俱乐部提出的"单位服务量的物料集约度"（MIPS）*相关的研究当时未能流行起来，很可能是因为对专家而言很难理解"服务量单位"（units of service）这种概念的重要性，更难以将其转化为政策（Schmidt-Bleek，1994）。

减少末端处理废物量的政治意图引导着学术研究关注循环工业经济，寻找建筑或电子工业废弃物的使用机制，以减少海量废弃物的产生。欧盟的"地平线2020"（Horizon 2020）等研究项目促使研究人员探寻更能保持物品价值和效用的方法，例如再利用建筑组件（如正在进行的欧盟BaMB项目；ARUP合作伙伴的研究项目），而非回收建筑物料将其作为混凝土中的骨料。

胸怀"零废弃物"或"低碳经济"等整体性愿景，并且对寻求工业应用的技术创新具备鉴识能力的政策制定者，可以通过推行循环工业经济的重点研究项目以及物品物料的采购规程来发挥重要作用，拉动循环经济的发展。美国政府早已推行实施了该类采购规程，最近挪威政府也在跟进。对政策和经济联系紧密的国家比如中国，这种途径可能会更快见效。

---

* Material Intensity Per Service.

第 10 章

展　望

寻求真正实现可持续发展目标的整体性解决方案必将促使经济模式朝向循环工业经济转型。在这一转型进程中,工业化国家的现政府应该会有很多基于自身利益的考量,同时也想规避未来政府的追责索赔以保护自身。技术驱动的"新经济"潮流,以及基于文化认同身份(cultural identity)和文化动机的区域战略可能是撬动变革最为有力的杠杆。

10.1　循环工业经济需要整体性研究方法

2018年秋,美国国家科学院院长麦克纳特(Marcia McNutt)博士反思了20世纪80年代以来在保护地球臭氧层的斗争中产生的教训。她指出,多少年来科学家们一直不停地诉说着氯氟碳化物(CFCs)*正在破坏臭氧层。但是,需要采取切实可行的解决办法才能获得广泛支持,真正逐步淘汰掉生产生活中使用的CFCs。教训是什么?

没错,CFCs破坏臭氧层的科学证据确实存在,但除非有切实可行的解决方案,否则大众只能选择将其忽视。

今天,科学家们一致认为,大量温室气体在大气中的积累正在缓慢地造成全球升温并干扰地球的气候模式,进而牵涉影响到全球经济[1]。

如果我们认同人为CO_2排放至少是全球气温上升的诸因之一,那么几十

---

* chlorofluorocarbons,又称氯氟烃。

年来——就工业化国家而言——我们已知的切实可行解决方案就是：从线性工业经济转向循环工业经济，管理人造资产的存量而非流量，后者（流量管理）不断用新的资产复制品（clone assets）去替代现有资产。

麦克纳特博士的这些话适用于"D"时代，此时面临的许多挑战都缺少切实可行的解决方案，但它不适用于"R"时代。因此，政策制定者最明智的策略是大力支持"R"时代的经济活动，这是一种可触发线性工业经济结构性变化的快速战略。当科学可以在"D"时代产生实践结果时，第二种政策选项将会开启，但在达成共识与采取决定性行动这两阶段之间可能会丧失许多宝贵的时间。

要做到及时见效，个人、经济行为主体和政策制定者都需要果敢前行。自我激励会提供帮助：记住《花生漫画》中查理·布朗（Charlie Brown）*对自己说："你能做到的，查理·布朗！"；或者像网球巨星费德勒（Roger Federer）在赛事的关键时刻喊出"上啊！"（Come on!）。无论如何，普通人还需要以下各项，他们将由此大大受益：

• "破浪偶像"（figureheads）**指明前进的方向[2]，而"灯塔"则会对风险发出警报；

• 告诉人们"应该怎么做到"的具体信息；

• 提升圣-埃克苏佩里式"对大海渴望"的激励政策，这正是现今关于循环经济的技术-科学讨论中所缺少的。

破浪偶像带领人们同舟共济，比如在特定文化背景（如相同的语言）下的共同体。翻译现有的文献典籍以获取智慧——目前阐释循环经济的最佳文本仍以英文著作为主——可以成为一种关键杠杆，例如成立于2016年的环境与循环经济研究所***，它是加拿大蒙特利尔（Montréal）的3家学术机构

---

* 美国漫画家舒尔茨（Charles M. Schulz）笔下的著名人物，宠物狗史努比的小主人。

** 常被用来比喻不掌握实权的象征性首脑，与本书使用该词时表露的明显褒义有所不同。

*** Institut de l'Environnement et de l'Économie Circulaire.

和魁北克省政府共同组成的联合机构,致力于循环经济理念的传播,帮助加拿大法语区人民提高对循环工业经济所提供机遇的认识水平。破浪偶像也可以是胸怀清晰愿景的地区政治领导人,例如苏格兰的首席大臣斯特金(Nicola Sturgeon)*博士,2018年10月31日她在格拉斯哥开设的苏格兰循环经济热点论坛上宣布,"我希望苏格兰成为循环经济的真正先锋"。

灯塔则是没有文化边界的,它们为任何途经船只提供导航服务。它们要么引导船只进入安全港——如著名的"亚历山大灯塔"**——要么警告船只附近隐藏的危险,如法斯耐特礁(Fastnet rock)***灯塔。政策制定者可以起到灯塔的功能,例如斯洛文尼亚政治家波托奇尼克(Janez Potocnik)博士,曾在欧盟担任科学研究专员(2004—2010)。在他的欧盟后一任期担任环境专员(2010—2014)期间,他提出了欧盟循环经济一揽子计划,并促成了一项基本立法。他孜孜不倦,继续致力于全球可持续发展,目前正担任联合国环境署的国际资源专家委员会(IRP)****联合主席。然而,灯塔的作用也可能被忽视;是否故意无视灯塔,这个决定由每艘船的船长来作出,他可能会固执己见,忽视关于发展方向的警告或建议,因而也不会改变自己定下的航线。

关于"如何做到"循环工业经济的信息涉及诸多方面,因为循环经济并不存在单一的普适解决方案。本书的重点是关注丰裕社会型循环工业经济(a circular industrial economy of abundance)中的人造物品与合成物质材料,以及正如你我这样的个人可以做哪些事来延长这些物品和物料的日常使用寿命;经济行为主体有意将现有的商业模式转型为循环工业经济模式

---

* 斯特金,1970年7月19日出生,苏格兰民族党政治家。她于2014年11月当选为苏格兰首席大臣,是苏格兰历史上首位担任该职务的女性。

** 在公元前280年左右建成的埃及亚历山大港灯塔,西方历史上著名的"世界八大奇迹"之一,在14世纪初的两场地震中被摧毁,2015年埃及政府宣布开始重建。

*** 位于爱尔兰南端的西科克郡(West Cork)沿海,据说19世纪前往北美的爱尔兰移民所见的最后一眼故土往往便是此礁,故又被称作"爱尔兰之泪"。

**** International Resource Panel.

或绩效经济模式，并将后者作为经济社会发展的首选项时，他们拥有哪些具体的选项；还有政策制定者和政府所拥有的部分选项。

政治家必须将政策付诸实践。当罗马俱乐部的联合主席、欧洲议会前议员维克曼在2016年向欧洲的政界人士和政策制定者提交其研究报告《循环经济和社会受益：就业和气候是明确的赢家》（*The circular economy and benefits for society: Jobs and climate are clear winners*）后，政治家们几乎没有做出任何改变。然而，报告显示，欧洲国家向循环工业经济的转型将使国家二氧化碳排放量减少66%，同时国民就业人数增加约4%，这两点在任何政治议程中都是排位甚高的重要话题。

在目前的工业主流之外支持循环工业经济的大趋势还有很多，例如：

- 联合国政府间气候变化专门委员会（IPCC）*、美国国家海洋和大气管理局（NOAA）**等机构发布了气候变化影响的科学报告，呼吁立即采取行动；
- 在中国的榜样引领下，国际上愿意进口他国废弃物充当全球垃圾场的国家数量日益萎缩；
- 以下转型呼声的出现：将目前的"生产者集体责任制"（responsibility）政策框架转变为企业个体问责制（accountability），乃至法律责任制（liability）。

10.2 政府：循环经济兽群中的大象***

出于下列目的，各国政府理应将加速本国经济朝向循环工业经济的转型作为主要关注点之一：

- 提高国家在应对潜在贸易战和资源冲突时的弹性，并通过工业品所包含的资源存量提升国家资源安全；
- 挖掘创造就业的本土潜力，其中包括向未掌握技能的生手提供职业培训机会和银匠式熟练工师傅；

---

* the International Panel on Climate Change.

** National Oceanic and Atmospheric Administration.

*** 原文为the elephant in the circular menagerie，比喻政府在循环经济中起到举足轻重的作用。

• 开发循环工业经济蕴含的本国(domestic)CO_2补偿巨大潜力：循环经济活动符合本国CDM项目的特点，这也是联合国COP 24大会上的争论焦点[3]；

• 避免未来的政府提出现任政府对气候变化负有法律责任并索赔的潜在风险。

"由政府承担的法律责任"(government liability，简称"政府责任")这一概念可能会成为隐藏在气候变化话题中的"黑天鹅"驱动因素(Taleb，2007)。10年前有人在日内瓦讨论过起诉各国政府，理由是他们在1997年签署了《京都议定书》，其后却没有实际履行议定书中的CO_2减排承诺，因此可以定性为"背弃处于危难中的星球"(abandoning a planet in distress)。由于没有任何法院可供这些人提交索赔申请，他们的理念也就无从贯彻执行。2015年以来，美国和荷兰也出现了类似的行动，在荷兰的行动最后以一份对荷兰政府的谴责声明告终。据德国《时代周报》报道，2018年夏"保护地球"(Protect the Planet)组织声讨欧盟违反了《欧洲联盟基本权利宪章》(*Die Zeit*, 2018)；2018年12月，法国的一些非政府组织[4]声讨了法国政府，指控根据《欧洲人权公约》，法国政府未能保护法国人民免受气候变化对健康的危害，而且还违反了自身在巴黎举行的COP 21大会上签署的气候协议。

10.3　技术驱动的新经济支持循环工业经济

循环工业经济既需要技术-经济新发展的支持，也是这种发展的一部分，后者涵盖了以下发展趋势：

• 它是一种去中心化的智能经济；

• 它可以提供系统性的解决方案；

• 它采用了长寿命技术，将使物品的使用周期变长。

去中心化智能经济：工业4.0、工业机器人和增材制造(additive manufacturing)[*]的出现促进了物质回流，形成了区域合作的生产车间，并推动了欧洲

---

[*]　指与传统的去除-切削式材料加工技术相反，采用材料逐层累加的方法制造实体零件，例如3D打印。

和北美的再工业化。其他的典型案例还包括微型啤酒自酿坊、微型烘焙坊以及面向本地市场的有机农业。

提供系统性解决方案：如研发和应用真空绝热板（VIPs）[*]，这是一种导热系数比普通绝热材料低10倍的复合材料；其应用领域包括房屋墙体、窗户和设备的隔热。将其应用到窗玻璃和窗框上时，厚度比传统组件薄得多，因而大大减少了物料投入，不过在使用时要更加小心。

又如，"eDumper"（电动翻斗车）是全球最大型号的电池驱动车辆。它已经在瑞士佩里（Péry）市的一处采石场中投入使用，一次可将65吨物料从山上的采石场运送到山下的水泥厂。每次负重下坡的过程都在为车载电池充电，使该车充满电池后便能空载上坡，驶回采石场继续运送物料。

采用低维护成本的长寿命技术能够延长物品的使用周期：电动马达的技术寿命为100年。采用长寿命氢燃料电池驱动的新一代电动汽车和电动火车是满足低碳要求的，现已上市销售；预计到21世纪20年代末，运用该项技术的卡车和沿海船舶将在部分国家实现商业化。

10.4 探寻整体性解决方案

能否说服政界人士制定新的政策来实现圣-埃克苏佩里笔下"对大海的渴望"呢？告诉人们，要实现COP 21的目标无须强制收取碳税，而是可以通过制定有利于朝向循环经济转型的政策来完成。或许如此便可以说服人们改变其行为，在物品再利用和修理自己的随身物的过程中找到幸福感，并让他们意识到自己没有必要宣告弃绝（renounce）所拥有的东西，只不过应该改变对它们的使用方式，这些应该是可以做到的吧？

撬动循环工业经济，将其推向前台的最强杠杆可能是使人们产生一种普遍看法：已列入联合国可持续发展目标，危及国际社会的全球风险控制问题——例如控制碳排放，减少自然资源的过度消耗，减少对人造物品的不可

---

[*] Vacuum Insulation Panels.

持续性使用(非正常消费)、改善工作条件和提高资源使用效率——这些问题中的大部分可以在实现循环工业经济模式转型的同时得到解决。

拟定计划去落实上述期许,就要先去适应各种地区的文化特征,对工业欠发达地区还要考虑到保障粮食供应安全、改善健康和教育条件等社会优先需要,因此这些地区仍然需要建立相关基础设施和人造物品的库存。

10.5　文化、信息和激励:撬动区域变化的杠杆

自给自足,换言之即使新产品比自己的现有物品更时尚也不会去买新车、新手机或新衣服,这是需要足够的信息和激励方能实现的。与气候变化领域相似,相关信息已然存在,但令人信服的市场化途径仍然缺失。穿二手衣服是保护个人尤其是婴儿免受过敏之苦的最佳方法。经过多次洗涤因而不会致敏(allergy-free)的衣服可以在二手商店和租赁商店买到,也可以在家中传给后辈。然而现实中几乎看不到有人会去排队购买二手服装,大多数商店也不提供这类衣物。

出售商品的性能而非商品本身,这可以让追寻时尚的公民在使用物品时继续享受可以进行频繁更换的自由,同时又不会造成这些物品被过早浪费,更无须为此进行自上而下式的立法。其他公民可能会被非货币性质的可持续途径所吸引,诸如共享社会和社会自助团体。在修理咖啡馆里,破损物品的所有者定期与具备维修知识和工具的志愿者会面,从而获得修理服务,这是可持续的共享社会或者说以物易物型循环经济(circular barter economy)的典型例子,地方性的旧货交换市场也是如此运作的。知识和物品在这里被视为一种新型公共资源而无须进行金钱交易。

文化遗产和个人身份也同样可以在保存物品方面发挥重要作用。社会对知识的浪费不亚于对商品和资源的浪费;我们能够恢复"旧东西是丰富资源"*这种传统智慧吗?与老爷车或历史上著名的飞机等相关的活动总能吸

---

* 原文为 old is resourceful,还有"老一辈足智多谋"的双关含义。

引来自天南海北的大批人流，但这似乎并没有起到激励人们去保护物品的作用。

绩效经济的商业模式则加强了循环工业经济中的时间因素，并通过推进可持续性社会建设的方式提升了自身应对不确定性的弹性。

回看麦克纳特博士的研究，循环工业经济已然拥有现成的科学证据和实用解决方案，因此现阶段面临的挑战是将这些知识传播到其他经济部门和地理区域。在某些情况下，德国法系（尤其是继承日耳曼法的部分）与罗马法系中就物品所有权与托管职责对立问题的处理所存在的差异，可能成为一种文化障碍。若强调所有权，其中包含了对物品的销毁权；若侧重托管职责，则要求探寻再利用的最佳方式（Giarini, 1980）。然而，在一个丰裕社会中，通过立法规定保持物品的最高价值和最高效用的强制性托管义务（stewardship obligation），这可能导致管理主体的行为发生根本性改变。

循环工业经济并非现有唯一的智能绿色战略，但它很可能是最具可持续性的商业模式，因为它能同时改善生态、社会和经济因素。回到圣-埃克苏佩里的呼吁，也许我们需要改变法律规则（moving the legal gateposts）来支持绩效经济，推动循环工业经济成为可持续经济的首选项，那么这是政策制定者塑造"对大海的渴望"的最佳策略吗？

化约这些概念的共通点可能是朝向传统价值观的回归，例如更看重优秀的资源节俭式管理和关爱的态度而非效率和生产率。虽然本书已经构建并描绘了循环工业经济的原则，但可能仍未完成对如何创造"*la pente vers la mer*"这个问题的回答，这条法文短语正是圣-埃克苏佩里在《要塞》一书中所提到的"对大海的渴望"（Saint-Exupéry, 1948）。

如果工业化国家想要成功建立可持续发展的社会，其首要任务是创造人们对循环性的渴望、对循环工业经济的渴望，例如通过激励使今日的购物狂转变为修理并重复使用自身物品的着迷者，以及成为他们所租用和共享物品的优秀托管者（good stewards）。

循环工业经济是一袋大礼包,充满机遇与机会;我们必须打开礼包,激励人们去抓住机会。像苏格兰的首席大臣能够宣称"我们,苏格兰,是一个循环经济体"*那样,当这种级别的偶像破浪事件成为常态,我们的目标才会得到实现。

于是,我的最终陈词将是这句话:"我们,人民,正是循环经济的本体!"**

我们需要通过科学信息进行论证,从而激励、说服政界人士;通过植根于文化基础且适应区域特色的市场化途径,来激励、说服个人。由业界先锋来引领、激励经济行为主体改变航线可能是种最佳选择,例如已故的界面(Interface)公司首席执行官安德森(Ray Anderson)***,他在20世纪90年代提出了追求"零废弃物"的公司目标,并在克林顿总统任期内担任过美国总统可持续发展顾问委员会(PCSD)****的联合主席。

本书作者坚信,循环经济是通向可持续未来的途径之一。找到与区域文化相适配,且能从整体性视角导向世界性可持续社会的区域战略,这是一项相当具有挑战性的任务。

---

* We, Scotland, are a circular economy.

** We, the people, are the circular economy!

*** 界面公司是著名的美国地毯生产商,安德森是该公司的创始人兼CEO。资料来源:https://www.raycandersonfoundation.org/about-ray.

**** The President's Council on Sustainable Development.

注 释

引言

1. 安托万·玛里·让-巴蒂斯特·罗杰,圣-埃克苏佩里伯爵(Antoine Marie Jean-Baptiste Roger, comte de Saint-Exupéry),在他的书中多次提到类似的挑战情境,因此很适合进行引用,以此描述循环经济面临的挑战。

2. 在佛教中,幸福被定义为"财富的总和除以欲望的总和"。减少欲望能够增加幸福感。

3. 2000多年前亚里士多德就曾说过,真正的财富不在于对物品的拥有,而在于对其的充分利用。

第1章

1. 源自网络百科全书定义。

2. 新隧道系统由总长152千米的隧道组成,隧道开挖总共产生了2820万吨需清运的碎石量。

3. 生物经济包括那些利用陆地和海洋的再生生物资源(如农作物、森林、鱼类、动物和微生物)来生产食物、饲料和能源的经济部分(https://ec.europa.eu/research/bioeconomy/index.cfm, 2019年1月15日访问)。2018年7月20日,欧盟启动了一个新生物经济知识中心,旨在更好地为欧盟和各国政策制定者、利益相关者提供该领域的科学证据。该中心不以生产知识为主,而是收集、重构和提供具有广泛科学学科和溯源基础的生物经济学知识,实现可再生生物资源可持续生产的知识和将可再生生物资源转化成有价值产品的知识。这个知识中心由欧盟内部的科学服务委员会、联合研究中心和研究创新总局合作创建(https://ec.europa.eu/research/bioeconomy/index.cfm?pg=policy&lib=observatory, 2019年1月15日访问)。

4. 资料来源:www.lsf-uk.org, accessed 20 December 2018.

第2章

1. 可持续经济是基于资产管理和关注使用的经济;"可持续生产与消费"一词对于任

何食品和饲料以外的人造品而言都是一种自相矛盾的修辞,应该用"可持续使用"来取代该词。

第3章

1. 根据亚当·斯密的解释,生产性的活动(即生产劳动,productive labour)是指任何一种固定在有形物体上,并可以出售(或再次反复出售)的劳作(work)。

第4章

1. 反向复利原理是指在回收过程中回收效率提升50%可以节约50%的物质存量;这意味着物质存量在第一次循环中保存了50%,在第二次循环中保存了25%,在第三次循环中仅剩余12.5%,依次递减。

2. 这个术语最早被奥地利的海因里希·沃尔迈耶(Heinrich Wohlmeyer)教授采用。

3. 帝国大厦的再建造项目由落基山研究所进行设计和落实,这个项目引自《新动态2:循环经济中的有效系统》(A new dynamic 2: Effective systems in a circular economy)一书(Ellen MacArthur Foundation, 2016)。

4. 在欧洲,超过30年车龄的汽车(一般指在1988年之前生产的车)被称为老爷车,这些汽车被认为是国家技术遗产中的一部分(EU Oldtimer Directive, 2018年5月20日)。这些汽车的数量每年都在增加,但是现代许多年轻的汽车专家都不知道如何维修这些车辆以及如何为这些车辆的内饰进行装修。

5. 这是一个循环经济交流互动平台,能够让循环经济发生更快的转变,造福全世界人。平台网址: https://circulareconomy.europa.eu/platform/en (2019年3月20日访问)。

6. 瑞士的二次生命服务。2017年,宜家的普雷滕巴赫(Spreitenbach)做了一项家具"回购再售"(被称为"二次生命")的测试。这项测试非常成功,并且从2018年9月1日起,宜家在瑞士的9家门店都将提供这项服务,旨在延长家具的使用寿命并且帮助节约资源。顾客可以在网上查询他们购买的未使用家具是否符合回购计划标准,然后将其带到商店回购。符合标准的家具系列包括有1000多种最受欢迎的家具。宜家以最高可达原价60%的价格回购其售出家具,并以代金券的方式向顾客提供回购款。然后,宜家就会在"如你所见(As-Is)"区域出售回购的家具给其他顾客。

7. 欧洲再制造网络(ERN)是一个以了解欧盟再制造现状的全欧洲项目。项目网址:www.remanufacturing.eu(2019年1月16日访问)。

第5章

1. Vetrum：从瓶子库（即废旧瓶子收集点）回收玻璃瓶以便再利用。Vetrum AG 是瑞士领先的葡萄酒瓶分选、洗涤和测试公司，每小时生产7000个瓶子，每年向市场供应1600万个瓶子。瑞士东部的130多个城市和组织将他们从消费者那里回收的葡萄酒瓶送到 Vetrum 进行再利用。超过2/3的瓶子可以直接清洗和再销售，以便重复使用。该公司瓶子回收量从1992年的120万瓶增加到1998年的700万瓶，此后又增加了2倍。在过去的5年中，财务利润翻了一番。而对于其余1/3无法再销售的瓶子，它们就只能回炉了（Stahel, 2010, p.237）。

2. Go 4 Circle 是比利时私营公司的一个伞形联盟，加入该联盟的公司将循环经济置于其运营的核心。这个联盟所代表的220家公司正在帮助各行各业的企业从根本上改变其生产流程，使其他企业向循环经济过渡。目前该联盟拥有约8000名员工，年营业额达28亿欧元。

3. 各种物料会伴随矿产废弃物和环境损害等多个负载值（backpack）。对于每一种物料来说，矿产废弃物（以吨为单位）的负载值不同，稀有金属如金的负载值最高（负载值为500 000），塑料的负载值最低（负载值为0.1）。以基础设施、建筑物、商品和零部件等形式存在的人造资本都积累了它们各自所包含的所有物料和能源的负载值，而且这些负载值必须独立计算。

4. 建筑物料库（BAMB）是欧盟地平线2020框架计划下的一个研究项目。

5. Madaster 是劳（Thomas Rau）和奥博哈珀（Sabine Oberhuber）于2018年在荷兰共同发起的民间倡议组织。

第6章

1. 在2018年的软件所有权归属问题辩论中，iFixit公司是最大的赢家。资料来源：https://repair.org/legislation（2019年1月23日访问）；https://motherboard.vice.com/en_us/article/xw9bwd/1201-exemptions-right-to-repair（2019年1月23日访问）。

第7章

1. 但也存在例外情况，相关研究在《确定性的极限，直面新型服务经济中的风险》（*The limits to certainty, facing risks in the new service economy*）一书中论述（Giarini and Sta-

hel，1989）。

2. 此价格未根据通货膨胀进行调整。

3. 2000年3月，在里斯本的欧洲理事会上制定了一项十年期战略，这项战略使欧盟成为"世界上最具竞争力和最具活力的知识型经济体，能够实现可持续的经济增长，拥有更多更好的就业机会和更强的社会凝聚力"。基于该战略，欧盟更强劲的经济将创造更多就业机会，同时欧盟将会出台确保可持续发展和包容的社会与环境政策。

4. 资料来源：http://product-life.org/en/major-publications/performance-economy（2019年3月20日访问）。

第8章

1. 准租赁服务活动有时被称为共享经济，平台经济（如Uber、Airbnb、FlixBus）或产品服务系统（PSS），这些名称的不同更多的是源于品牌差异而不是战略差异。

2. "**生产型消费**"一词由托夫勒（Alvin Toffler）创造，指的是生产和消费的结合，例如一个客户创建其PC机的配置交由戴尔（Dell）等计算机公司生产。

3. 出于包括知识产权在内的诸多原因，苹果和约翰迪尔等制造商只出售商品（智能手机和拖拉机）的硬件技术系统，但拒绝提供给客户访问商品软件源代码和算法的服务，这将使他们有能力修复其技术系统，控制并延长其产品的服务寿命。

4. 洛克菲勒基金会的弹性城市项目。2013年，在洛克菲勒基金会召开成立百年纪念会之际，该基金会设立了100个弹性城市创建项目。2013年12月，首批32个弹性城市开始创建。2014年公布了第二批35个弹性城市创建名单。第三批100个弹性城市挑战赛于2015年11月结束，最后一批弹性城市创建名单于2016年5月公布。

第9章

1. 请参见十倍级俱乐部及其研究所的相关成果。网址：www.factor10-institute.org/（2019年1月22日访问）。为了到2050年实现全球经济的可持续发展，十倍级俱乐部在25年前首次提出，工业化国家的"去物质化"程度要实现10倍（即减少90%的资源物质消耗）。

第10章

1. 引自未来资源（Resources for the Future）公司的总裁兼首席执行官纽尔（Richard G. Newell）在2018年的圣诞节讲话。

2. Figurehead一词指位于一类军舰("man of wars")舰首的木制雕饰。这种木制舰艇出现于公元后第二个千年的后半叶(即从16世纪开始)。

3. 在2015年巴黎举行的联合国气候大会第21次缔约方会议(COP 21)上,所有与会政府都基本同意有必要减少温室气体排放,以便到2030年将全球升温幅度控制在2°C以内。但2018年12月在波兰卡托维兹举行的COP 24会议结果表明,几乎没有任何政府采取行动来实现这一目标(译者注:中国政府一直积极采取实际行动,力图实现巴黎会议的目标)。

4. 这些组织包括绿色和平组织(Greenpeace)、乐施会(Oxfam)、临时事务联合会(Association Notre affaire à tous)和自然与人类基金会(Fondation pour la Nature et pour l Homme)。这几家非政府组织指控法国政府未采取足够的行动应对全球变暖,应受到起诉。这些非政府组织就此向法国总统马克龙(Emmanuel Macron)和法国政府递交了一份先期声明文件。

参考文献

引言

Saint-Exupéry, Antoine. *Citadelle. Paris*: Gallimard, 1948.

第1章

Ellen MacArthur Foundation. *A new dynamic, effective business in a circular economy.* Cowes: Ellen MacArthur Foundation Publishing, 2013.

European Environment Agency (EEA) Report. Copenhagen: EEA, 2018.

Explore Paddington (Spring/Summer/Spring/Summer 2018) *On the right track.* Pamphlet, 2018: p.17.

Foresight. The junction of health, environment and the bioeconomy: Foresight and implication for European Research & Innovation Policies. DG for Research and Innovation, Directorate A, Unit A6. Luxembourg: Publications Office of the European Union, 2015.

Foster, William. There's a jungle in your bed. *Nature*, vol. 563, 2018: p. 31.

James, Peter. Director of S-Lab, a UK initiative based in London that promotes sustainable lab practices, quoted in *Nature*, vol. 554, 2018: p. 265.

NZZ. Aus dem Berg in den See und anderswohin. *Neue Zürcher Zeitung*, 24 May, 2016: p. 7.

Saikku, Laura; Antikainen, Riina; Droste, Nils; Pitkänen, Kati; Loiseau, Eleonore; Hansjürgens, Bernd; Kuikman, Peter; Leskinen, Pekka and Thomsen, Marianne. Implementing the green economy in a European context: Lessons learned from theories, concepts and case studies. PEER report. www.peer.eu. 2015 (accessed 3 March 2019).

第2章

Carlowitz, Hans Carl von. *Sylvicultura economica*. 1713.

Material Economics. Ett värdebeständigt svenskt materialsystem (Retaining value in the Swedish materials system). Economic value measured in billion Swedish Kroner versus material measured in tonnes. Research study, unpublished. 2018.

Pirsig, Robert. *Zen and the art of motorcycle maintenance.* London: William Morris and Company, 1974.

Schumacher, Fritz. *Small is beautiful: Economics as if people mattered.* New York: Harper & Collins, 1973.

Stahel, Walter R. Policy for material efficiency: Sustainable taxation as a departure from the throwaway society. *Philosophical Transactions A of the Royal Society*, vol.371, 2013: pp.1–19.

Stahel, Walter R. and Reday-Mulvey, Genevieve. The potential for substituting manpower for energy. Report to the Commission of the European Communities, Brussels. Published in 1981 as *Jobs for tomorrow, the potential for substituting manpower for energy.* New York: Vantage Press. 1976.

World Bank Group. The changing wealth of nations report 2018. https://openknowledge.worldbank.org/bitstream/handle/10986/29001/9781464810466.pdf. 2018 (accessed 15 January 2019).

第3章

Frost, David. *Mountain interval.* New York: Henry Holt, 1916.

Scott, Jonathan T. and Stahel, Walter R. *The sustainable business workbook*: *Waste elimination.* Sheffield: Greenleaf Publishing, 2013.

Stahel, Walter R. *Waste minimization case studies for three products.* Washington, DC: U.S. EPA, R&D Office. Translated from the 1991 report 'Langlebigkeit und Materialrecycling' for the Ministry of the Environment Baden-Württemberg, Stuttgart. 1991.

Stahel, Walter R. Chinese translation of *The performance economy*, first edition 2006, published in Simplified Mandarin, translated by Dr Zhu Dajian. 2009.

UK OGL. *From waste to resource productivity, evidence and case studies.* London: The UK Government Office for Science, 2017.

Wijkman, Anders and Skanberg, Kristian. *The circular economy and benefits for society, jobs and climate clear winners in an economy based on renewable energy and resource efficiency.* www.clubofrome.org/wp-content/uploads/2016/03/The-Circular-Economy-and-Benefits-for-Society.pdf. Winterthur: The Club of Rome. 2016 (accessed 20 March 2019).

Zhu, Dajian. Circular economy: a new economic model for China and the world. *Les cahiers du Comité Asie de l'Anaj-Ihedin*. 2016.

Zhu, Dajian; Han, Chuanfeng and Zhang, Chao. A working model of sustainability science. *Nature*, vol. 544, no. 7651. 2017.

第4章

Durmisevic, Elma. Reversible building design. In Martin Charter (ed.) *Designing for the circular economy*. London: Routledge, 2018.

Ellen MacArthur Foundation. *A new dynamic 2: Effective systems in a circular economy*. Cowes: Ellen MacArthur Foundation Publishing, 2016.

IRP. Re-defining value-the manufacturing revolution. Remanufacturing, refurbishment, repair and direct reuse in the circular economy. www.resourcepanel.org/reports. 2018 (accessed 26 December 2018).

Lund, Robert T. *The remanufacturing industry: hidden giant*. Boston University. 1996.

Ness, David. *The impact of overbuilding on people and the planet*. Newcastle upon Tyne: Cambridge Scholars Publishing, 2019.

OECD. *Product durability and product life extension, their contribution to solid waste management*. Paris: OECD, 1982.

Perutz, Peter and Stahel, Walter R. Vier Wege zu neuen Arbeitsplätzen (Four paths to new jobs). *Management Journal*, vol. 48, no. 2, 1979: pp. 81 – 85.

Perutz, Peter and Stahel, Walter R. *Arbeitslosigkeit–Beschäftigung-Beruf, Systembegrenzung und Lebensgestaltung (Unemployment-Occupation-Profession)*. Beiträge des Institutes für Zukunftsforschung Berlin, no. 11: Preisträgerarbeiten des GZ-Wettbewerbes 1977. Munich: Minerva Publikationen, 1980.

Smith, V. M. and Keolian, G. A. The value of remanufactured engines, lifecycle environmental and economic perspectives. *Journal of Industrial Ecology*, vol. 8, no. 1–2, 2004: pp. 193–222.

Stahel, Walter R. *The product–life factor*. http://product-life.org/en/major-publications/the-product-life-factor. 1982 (accessed 20 December 2018).

Stahel, Walter R. *The performance economy*. Houndmills: Palgrave Macmillan, 2010.

Stahel, Walter R. and Reday-Mulvey, Geneviève. The potential for substituting manpower for energy. Report to the Commission of the European Communities, Brussels. 1976.

Steinhilper, Rolf. *Remanufacturing: The ultimate form of recycling*. Stuttgart: Fraunhofer IRB Verlag, 1998.

第5章

Baker-Brown, Duncan. Who is mining the Anthropocene? In Charter, Martin. (ed.) *Designing for the circular economy*. London: Routledge, 2019.

Charter, Martin. *Designing for the circular economy*. London: Routledge, 2019.

Material Economics. Ett värdebeständigt svenskt materialsystem (Retaining value in the Swedish materials system). Economic value measured in billion Swedish Kroner versus material measured in tonnes. Research study, unpublished. 2018.

Müller, Daniel. Conference presentation at SINTEF Circular Economy conference, Trondheim, 31 May. Unpublished. 2018.

Oberhuber, Sabine. *Material matters*. Berlin: ECON im Ullstein Verlag, 2016.

Schmidt-Bleek, Friedrich. *Wieviel Umwelt braucht der Mensch? MIPS — Das Mass für ökologisches Wirtschaften*. Basel: Birkhäuser Verlag, 1994.

Stahel, Walter R. *The performance economy*, second edition. Houndmills: Palgrave Macmillan, 2010.

第6章

Miller, Henry. *Death of a salesman*. London: Penguin Plays, 1949(1976).

Packard, Vance. *The hidden persuaders*. London: Longman Green and Company, 1957.

第7章

Bierter, Willy; Buhrow, Julian and Stahel, Walter R. Langzeit-Kostenanalyse von Fahrzeugen (PKW und LKW) (LCA of cars and trucks). http://product-life.org/de/archive/casestudies/langzeit-kostenanalyse-von-fahrzeugen-pkw-und-lkw. 1999(accessed 9 January 2019).

EU 2003 WEEE Directive. European Community Directive 2012/19/EU on waste electrical and electronic equipment (WEEE) which, together with the RoHS Directive 2011/65/ EU, became European Law in February 2003. 2003.

Giarini, Orio and Stahel, Walter R. *The limits to certainty, facing risks in the new service economy*. Dordrecht: Kluwer Academic Publishers, 1989.

Hardin, Garret. Tragedy of the commons. *Science*, vol. 162, no. 3859, 1968: pp. 1243 – 1248.

Material Economics. Ett värdebeständigt svenskt materialsystem (Retaining value in the Swedish materials system). Economic value measured in billion Swedish Kroner versus material measured in tonnes. Research study, unpublished. 2018.

Stahel, Walter R. *The performance economy*, first edition. Houndmills: Palgrave Macmillan, 2006.

Stahel, Walter R. *The performance economy*, second edition. Houndmills: Palgrave Macmillan, 2010.

Stahel, Walter R. Policy for material efficiency: Sustainable taxation as a departure from the throwaway society. *Philosophical Transactions A of the Royal Society*, vol. 371, 2013: pp. 1–19.

Wijkman, Anders and Skanberg, Kristian. *The circular economy and benefits for society jobs and climate clear winners in an economy based on renewable energy and resource efficiency*. www.clubofrome.org/wp-content/uploads/2016/03/The-Circular-Economy-and-Benefits-for-Society.pdf. Winterthur: The Club of Rome, 2016(accessed 9 January 2019).

World Bank Group. (2018) The changing wealth of nations report 2018. https://openknowledge.worldbank.org/bitstream/handle/10986/29001/9781464810466.pdf. 2018 (accessed 9 January 2019).

第8章

Giarini, Orio and Stahel, Walter R. *The limits to certainty, facing risks in the new service economy*. Dordrecht: Kluwer Academic Publishers, 1989.

Hagan, Andrew and Tost, Michael. Metal leasing. A scientific paper submitted for publication in 2019.

Harvard Business School. Xerox: Design for the environment. Case study N9-794-022, 7 January. 1994.

IFG Internationales Forum für Gestaltung. *Gemeinsam nutzen statt einzeln verbrauchen,*

Eine neue Beziehung zu den Dingen (Common utilisation instead of singular consumption). Giessen: Anabas Verlag, 1993.

Resilient Cities Project of the Rockefeller Foundation (2013–today) New York. www.100resilientcities.org/. 2013 (accessed 22 December 2018).

Stahel, Walter R. The service economy: Wealth without resource consumption? *Philosophical Transactions* A, vol. 355, 1997: pp. 1309–1319.

Stahel, Walter R. *The performance economy*, second edition. Houndmills: Palgrave Macmillan, 2010.

Stahel, Walter R. Beyond the 'triple helix'. Conference proceedings. EESD 2016 conference, Engineering Education for Sustainable Development, Bruges, 5 September. 2016.

Toffler, Alvin. *The third wave.* New York: Bantam Books, 1980.

第9章

Ferry Shipping News. 8 February and 17 May. www.ferryshippingnews.com/. 2018 (accessed 23 January 2019).

Hawken, Paul; Lovins, Amory and Lovins, Hunter. *Natural capitalism.* Boston: Little Brown and Company, 1999.

ISO 14044: 2006. Environmental management–life cycle assessment—requirements and guidelines. Geneva: International Organization for Standardization, 2006.

Papanek, Victor. *Design for the Real World: Human Ecology and Social Change.* New York: Bantam Books, 1971.

Schmidt-Bleek, Friedrich. *Wieviel Umwelt braucht der Mensch? MIPS—Das Mass für ökologisches Wirtschaften.* Basel: Birkhäuser Verlag, 1994.

Stahel, Walter R. and Reday-Mulvey, Geneviève. The potential for substituting manpower for energy. Report to the Commission of the European Communities, Brussels. 1976.

WBCS. Factor 10 news. www.wbcsd.org/Programs/Circular-Economy/Factor-10/News/launching-Factor10. 2018(accessed 31 December 2018).

Weizsäcker, Ernst Ulrich von; Lovins, Amory and Lovins, Hunter. *Factor four.* A report to the Club of Rome. Munich: Droemer Knaur, 1995.

第10章

Die Zeit. Missliche Lage. 30 August, no. 36, 2018: p. 31.

Giarini, Orio. *Dialogue on wealth and welfare, an alternative view of world capital formation*. A report to the Club of Rome. Oxford: Pergamon Press, 1980.

Saint-Exupéry, Antoine. *Citadelle*. Paris: Gallimard, 1948.

Taleb, Nicholas. *The black swan*. New York: Random House, 2007.

汉英人名对照表

安德森	Ray Anderson
埃尔斯	Robert Ayres
波西格	Robert M. Pirsig
波托奇尼克	Janez Potocnik
费德勒	Roger Federer
冯·卡洛维茨	Hans Carl von Carlowitz
弗罗斯特	Robert Frost
福夏尔	Pierre Fauchard
格雷德尔	Thomas Graedel
哈丁	Garrett Hardin
哈根	Andrew Hagan
凯奥利安	Gregory A. Keoleian
劳	Thomas Rau
里德-马尔维	Geneviève Reday-Mulvey
隆德	Robert T. Lund
麦克阿瑟	Ellen MacArthur
麦克罗威	Harry Macklowe
麦克纳特	Marcia McNutt
莫斯科维奇	Pierre Moscovici
帕卡德	Vance Packard
圣-埃克苏佩里	Antoine de Saint-Exupéry
史密斯	Vanessa M. Smith
施塔尔	Walter R. Stahel
施泰因希尔佩	Rolf Steinhilper

舒尔茨	Charles M. Schulz
舒马赫	Ernst Friedrich Schumacher
斯堪伯格	Kristian Skanberg
斯特金	Nicola Sturgeon
斯特拉迪瓦里	Antonio Stradivari
托夫勒	Alvin Toffler
托斯特	Michael Tost
维恩斯	Kyle Wiens
维克曼	Anders Wijkman
魏伯乐	Ernst Ulrich von Weizsäcker
亚当·斯密	Adam Smith
亚里士多德	Aristotle

致　谢

感谢班克斯(Ian Banks)、哈里森(Mike Harrison)、韦克吕斯(Nathalie Vercruysse)、韦伯斯特(Ken Webster)对手稿进行审阅和评论;感谢普里查德(Graham Pritchard)帮助我重新设计了图片;感谢格拉维斯(Lena Gravis)的编辑工作。

本书序言的版权归属艾伦·麦克阿瑟基金会所有。

The Circular Economy: A User's Guide, 1e / by Walter R. Stahel
ISBN 9780367200176
Copyright © 2019 by Taylor & Francis.
Authorized translation from the English language edition published by Routledge,
A member of the Taylor & Francis Group.
ALL RIGHTS RESERVED

本书原版由Taylor & Francis旗下Routledge出版公司出版，并经其授权翻译出版。
版权所有，侵权必究。

Chinese (Simplified Characters) Edition Copyright © 2023
by Shanghai Scientific & Technological Education Publishing House Co., Ltd.
This edition is authorized for sale throughout Mainland of China.

本书中文简体翻译版权授权由上海科技教育出版社有限公司独家出版。
限在中国大陆地区销售。

No part of the publication may be reproduced or distributed
by any means or stored in a database or retrieval system
without the prior written permission of the publisher.

未经出版者书面许可，
不得以任何方式复制或发行本书中的任何部分。

Copies of this book sold without a Taylor & Francis sticker on the cover are
unauthorized and illegal.

本书封底贴有Taylor & Francis公司防伪标签，
无标签者不得销售。

责任编辑　彭容豪
封面设计　李梦雪

循环经济——给实践者的未来指南
［瑞士］瓦尔特·施塔尔　著
曹莉萍　译

出版发行　上海科技教育出版社有限公司
（上海市闵行区号景路159弄A座8楼　邮政编码201101）

网　址	www.sste.com　www.ewen.co	
经　销	各地新华书店	
印　刷	上海新华印刷有限公司	
开　本	720×1000　1/16	
印　张	9.75	
版　次	2023年2月第1版	
印　次	2023年2月第1次印刷	
书　号	ISBN 978-7-5428-7847-2/G·4653	
图　字	09-2021-0866	
定　价	38.00元	